数字化供应链金融对企业财务绩效的影响研究

张晓莉　白　洋　李　蕊◎著

中国商业出版社

图书在版编目（CIP）数据
数字化供应链金融对企业财务绩效的影响研究 / 张晓莉，白洋，李蕊著. -- 北京 : 中国商业出版社，2025. 6. -- ISBN 978-7-5208-3484-1
Ⅰ. F279.23
中国国家版本馆CIP数据核字第2025MH5962号

责任编辑：滕　耘

中国商业出版社出版发行
（www.zgsycb.com　100053　北京广安门内报国寺1号）
总编室：010-63180647　编辑室：010-83118925
发行部：010-83120835/8286
新华书店经销
优彩嘉艺（北京）数字科技有限公司印刷
*
710毫米×1000毫米　16开　12.75印张　204千字
2025年6月第1版　2025年6月第1次印刷
定价：60.00元
****

前言

在数字化浪潮席卷全球的当下，供应链金融正经历着深刻变革，对企业财务绩效产生着深远影响。本书聚焦这一关键领域，旨在为企业发展提供全面且深入的指引。随着经济全球化和信息技术的飞速发展，企业之间的竞争已演变为供应链之间的竞争。供应链金融作为产业与金融深度融合的创新模式，在优化供应链资金流、解决中小企业融资难题等方面发挥着重要作用。而数字化技术的广泛应用，为供应链金融注入了新的活力，使其在覆盖范围、融资效率、数据资源利用等方面展现出传统模式难以比拟的优势。

本书系统阐述了供应链金融的内涵及特征、运作模式、参与者与主体、功能与信用系统等内容，让读者对其形成全面认知；剖析了数字化供应链金融的模式、资金来源和风险来源，从理论层面揭示数字化供应链金融与传统供应链金融的联系和区别；介绍了企业财务绩效的内涵、主要评价指标和影响企业财务绩效的主要因素；从资金流、信息流、物流等方面分析了数字化供应链金融对企业财务绩效的影响；探讨了数字化供应链金融在提升企业盈利能力、偿债能力、运营能力等方面的应用；对数字化供应链金融的未来趋势进行前瞻性探讨，助力企业提前布局，把握发展机遇，在激烈的市场竞争中脱颖而出。

本书在撰写过程中广泛收集、系统整理并深入剖析了大量的教育资源与文献资料，在此对学术界前辈、教育界同人以及所有为本书编纂工作提供帮助的人士表达深切的感激之情。

由于作者学术水平有限，加之时间仓促，书中难免存在疏漏与不足，敬请读者批评指正。希望本书能为企业管理者、金融从业者以及相关研究人员提供有价值的参考，共同推动数字化供应链金融的发展，提升企业财务绩效，促进经济的可持续发展。

作　者

2025 年 4 月

目录

第一章

供应链金融概述

第一节　供应链金融的内涵及特征

一、供应链的概念

我国供应链管理专家马士华对供应链进行了较为全面的阐述：供应链以核心企业为中心枢纽，从最初的原料采购，历经加工生产环节，直至最终将产品销售给消费者，全程对物流、信息流和资金流进行全方位控制。在这一过程中，供应商、制造商、分销商、零售商以及消费者紧密结合，共同构成一个具有特定功能的网链结构。

《物流术语》国家标准（GB/T 18354—2021）中将供应链定义为“生产及流通过程中，围绕核心企业的核心产品或服务，由所涉及的原材料供应商、制造商、分销商、零售商直到最终用户等形成的网链结构”。

供应链具有显著的动态化特征，其中信息流、资金流、商流及物流在供应链上分别对应不同的组织环节。各组织环节执行的流程不同，但相互作用、相互影响，共同推动供应链运转。

二、供应链金融发展的多维驱动因素

（一）产业发展需求驱动供应链金融深化

1. 供应链竞争格局的结构性转变

经济全球化与信息技术的深度融合，彻底革新了企业竞争模式。据国际供应链协会（SCC）发布的《2023 全球供应链发展报告》统计，全球企业之间超 80% 的竞争已聚焦供应链层面。在这一竞争态势下，核心企业不仅要自身具备强劲的研发与生产实力，更需确保供应链全链条的协同高效。以汽车制造业为例，整车生产高度依赖上千家零部件供应商，彼此紧密协作。根据中国汽车工业协会数据，2023 年因零部件供应商资金问题导致整车企业生产线停滞的事件超过 500 起，每次停滞平均造成经济损失达 5000 万元。这表明优化供应链资金流对提升整体竞争力至关重要，中小企业作为供应链的关键环节，其稳定运营直接关乎供应链的抗风险能力。

2. 产业升级转型的资金需求激增

在传统产业向高端制造业、智能制造等方向升级的过程中，面临着巨大的资金需求。装备制造业在智能化改造时，需要购置先进的自动化设备、搭建数字化管理系统，同时还要投入大量资金用于技术研发和人员培训。供应链金融在此过程中发挥着重要作用。一些制造业企业在推动智能设备研发与生产的过程中，借助供应链金融，采用应收账款融资模式，将下游经销商的应收账款转化为流动资金。这种融资方式不仅为企业提供了必要的资金支持，还加快了新技术、新工艺的应用进程，推动产业结构向高端化、智能化方向优化升级。

（二）中小企业融资现状催生金融创新

1. 传统融资渠道的局限性

中小企业由于自身规模较小、资产有限，且财务制度不够健全，信用评级普遍不高，在传统融资渠道中面临诸多困难。在银行贷款方面，银行出于风险控制的考虑，往往要求企业提供足额的抵押物，而中小企业缺乏足够的固定资产作为抵押，难以满足银行的贷款条件。在债券市场，发行债券的门槛较高，对企业的规模、盈利能力、信用状况等都有严格要求，中小企业很难达到标准。供应链金融则依托核心企业的信用，对供应链上的交易数据、物流信息等进行整合和分析，为中小企业提供了一种新的融资途径。例如，深圳一家电子元器件供应商在与核心企业建立长期稳定的合作关系后，凭借核心企业的信用背书，通过供应链金融平台获得融资，解决了企业的资金短缺问题。

2. 资金周转压力的现实挑战

在供应链中，中小企业不仅要维持生产，还需要及时支付上游供应商的货款，同时还要承担较高的库存成本，因而面临资金周转压力的挑战。供应链金融通过应收账款融资、存货融资等模式，可以帮助中小企业缓解资金压力。以一家服装加工企业为例，该企业在生产旺季，原材料库存积压占用大量资金，通过存货融资模式，将原材料作为质押物进行融资，获得了流动资金，加速了资金周转，提高了企业的运营效率。

（三）金融机构业务拓展的战略选择

1. 市场竞争的倒逼机制

随着金融市场的开放与发展，金融机构之间的竞争日益激烈。传统的金融业务领域竞争白热化，金融机构需要寻找新的业务增长点。供应链金融作为一种新兴的金融服务模式，具有独特的优势。它基于真实的贸易背景，风险相对较低；同时，由于服务对象涵盖供应链上的各类企业，客户群体广泛，能够带来稳定的收益。以某商业银行为例，其开展供应链金融业务后，拓展了业务领域，吸引了更多的客户，不仅增加了中间业务收入，还提升了市场竞争力。

2. 业务结构的优化需求

传统金融业务主要集中在大型企业和个人信贷领域，业务结构较为单一，面临着较高的系统性风险。供应链金融的出现丰富了金融机构的业务品种，使其能够满足不同客户群体的需求。金融机构可以针对供应链上不同企业的特点，设计多样化的金融产品，如应收账款融资、预付款融资、存货融资等。以某商业银行为例，通过开展供应链金融业务，其客户结构得到优化，中小企业客户占比显著提高，有效分散了业务风险，实现了业务结构的多元化发展。

（四）技术进步为供应链金融赋能

1. 信息技术的支撑作用

互联网、大数据、区块链、人工智能等信息技术的快速发展，为供应链金融的发展提供了强大的技术支持。例如，大数据技术能够对供应链上大量的交易数据、物流数据、资金数据等进行收集和分析，帮助金融机构了解企业的经营状况和信用水平，从而更准确地评估风险。区块链技术具有不可篡改、可追溯的特点，能够确保交易信息的真实性和可靠性，降低信用风险。以某供应链金融科技平台为例，其运用人工智能算法对贷款申请进行自动审核，大大缩短了贷款审批时间，提高了业务办理效率。

2. 信息透明度的提升效应

信息技术的应用使得供应链上的信息更加透明和对称。通过物联网技术，金融机构可以实时掌握货物的位置、状态等信息，实现对质押物的有效监管。例如，在某钢铁供应链金融项目中，物联网传感器被安装在钢材库存中，实时采集钢材的数量、规格、存放位置等信息，并将这些信息上传至金融机构的监管系统。金融机构可以通过系统随时查看质押物的情况，准确评估质押物的价值，降低了信息不对称带来的风险，为融资决策提供更加准确的依据，同时也有助于加强对供应链金融业务的风险管理。

三、供应链金融的内涵

目前，国内外对供应链金融的定义尚未统一，专家学者的看法存在差异。但可以确定的是，供应链金融是供应链领域与金融领域交叉融合的创新成果。

如今，供应链金融在金融服务行业应用广泛。所有金融活动都依托供应链的顺利运营展开，旨在为供应链上的企业提供金融服务。金融服务具有高度差别化的价值诉求，不同参与者和业务会产生不同的价值诉求。在供应链金融模式下，资金被纳入供应链管理范畴，整合供应链上的财务资源，由特定金融机构或其他金融服务参与方为供应链成员提供专门的资金解决方案。供应链金融需要供应链上的各个参与主体、金融机构、第三方物流等在共享物流、商流、信息流的基础上协同合作，盘活存量资产，解决融资难题，通过金融服务优化供应链资源配置。在有效控制金融风险的基础上保证供应链有效运行，是供应链金融发展的关键。只有实现各方协同合作、合理配置资源、有效控制风险，才能更好地推动供应链金融持续、健康发展，为供应链上的企业提供更为有力的金融支持，促进整个供应链的稳定和繁荣。

四、供应链金融的优势

（一）基于现代供应链管理

在复杂的商业环境中，供应链金融作为创新型金融服务模式，是为适应现有的生产组织体系而产生的。它涵盖采购、物流、销售、融资等多个关键环节，并依据这些环节的整体运行状况开展有针对性的金融服务。

与传统金融单纯评估融资企业的资信状况不同，供应链金融还会从融资企业的真实交易背景出发进行评估。在现代供应链管理背景下，企业上下游之间的真实交易信息，如交易频率、交易规模、稳定性等，成为判断其运营能力和抗风险能力的重要标准。例如，一家制造企业与供应商长期保持大额稳定的原材料采购交易，这表明该企业具有持续的生产需求和一定的市场地位，运营能力较强。通过分析这些交易信息，还能评估企业在供应链中的地位。若企业处于供应链核心位置，对上下游企业影响力强，其融资优势更为明显。此外，考量企业未来变现能力也至关重要，拥有大量优质应收账款的企业，未来能转化为实际现金流入，基于此，金融机构可更准确地确定其融资规模和风险。

在实际操作中，金融机构会深入分析企业在供应链中的交易流程。以服装生产企业为例，金融机构会关注其从面料供应商采购面料的交易细节，包括采购合同条款、付款周期、交货及时性等。若企业按时支付面料采购款项，且供应商持续提供优质面料，说明该企业在供应链中信誉良好、运营稳定，金融机构可据此合理评估其融资需求和风险承受能力，进而确定合适的融资额度和利率。

（二）借助信息技术和大数据分析

在数字化时代，信息技术和大数据分析在供应链金融中至关重要。通过大数据技术，可从行业、供应链和企业自身三个维度对融资企业进行全面深入的整体分析。

在行业分析方面，融资企业受宏观经济环境、政策环境、行业现状和发展状况等多种因素综合影响。宏观经济环境变化，如经济增长快慢、利率升降等，会直接影响企业市场需求和运营成本。政策环境同样关键，如政府出台的环保政策，可能给高污染行业企业带来额外成本压力，影响其盈利能力。行业现状和发展趋势也不容忽视，处于快速增长阶段的行业，企业发展机遇相对较多，而竞争激烈且趋于饱和的行业，企业面临的挑战更大。以新能源汽车行业为例，随着全球对环境保护和可持续发展关注度的提高，各国纷纷出台鼓励政策，该行业近年来发展迅猛。处于这个行业的融资企业，其发展前景和融资潜力与行业整体发展紧密相关。金融机构评估该行业企业融资申请时，会综合考虑这些宏观和行业因素，判断企业在行业中的发展空间和抗风险能力。

供应链分析主要聚焦于融资企业在所在供应链上的地位、竞争力和历史交易信用等情况。企业在供应链中的地位决定了其对上下游企业的影响力和话语权。供应链核心企业在采购原材料时议价能力更强，能获得更优惠的价格和付款条件；销售产品时，也能更有效地控制销售渠道和价格。企业的竞争力体现在产品质量、生产效率、创新能力等方面。历史交易信用则反映了企业在过去与供应链伙伴合作中是否遵守合同约定，是否按时支付货款、交付产品等。例如，在电子产品供应链中，核心制造企业对零部件供应商具有较强的选择权，若某零部件供应商能持续为核心企业提供高质量零部件，且交易中从未出现延迟交货或质量问题，其在供应链中的信誉良好、竞争力较强，金融机构为其提供融资服务时，会充分考虑这些因素。

对企业自身情况的分析涵盖多个方面。不仅要考虑其资产结构（如固定资产、流动资产的比例，资产的质量和价值等），还需关注其生产力水平（如生产设备的先进程度、生产工艺的成熟度等），以及还款能力（如企业的盈利能力、现金流状况等）。此外，企业是否能够承担并履行供应链合作义务也是重要考量因素。例如，企业是否有能力按时完成订单生产、保证产品质量符合供应链标准等。同时，对于企业利用流动性较差的资产进行融资的可行性也需进行分析。以拥有大量积压库存的服装企业为例，若库存服装具有一定品牌价值和市场需求，金融机构可通过特定融资方案，如存货质押融资，来评估其融资可行性。

上述所有分析都依赖海量数据支持。这些数据规模庞大，人工无法有效处理，只有借助大数据分析技术，才能整合、归纳与企业运营相关的每一笔交易信息、每一笔物流活动，转化为便于人工读取和分析的信息。例如，通过整合分析企业多年的采购订单数据、销售发票数据、物流运输记录等，可清晰了解企业的采购周期、销售淡旺季、物流成本等情况，再运用专业分析模型和算法进行计算，相关主体（金融机构、企业自身等）便可依据计算结果作出正确决策。金融机构可据此判断是否为企业提供融资，以及确定融资额度、期限和利率等；企业自身也可优化运营管理，提升在供应链中的竞争力。

（三）具有闭合性，风险相对可控

1. 闭合式资金运作模式的概念

供应链金融采用的闭合式资金运作模式，核心在于对整个融资流程中的资金流、物流、信息流实施全方位的有效掌控。在这种模式下，融资企业所获取的资金的用途会被严格限定在可控范围内。该模式要求供应链各参与方必须依照合同约定，规范物流与资金流的流通运作，以此确保交易在供应链内部有序完成，从而减少资金运作过程中的不确定性，降低风险发生的概率。

2. 动产质押业务中的闭合性与风险控制体现

在动产质押业务场景中，供应链金融的闭合性与风险可控特征尤为显著。以某家生产家具的企业为例，其拥有大量木材存货作为原材料。为获取生产运营资金，该企业以这些木材存货作为抵押物向金融机构申请贷款。金融机构在开展此项业务时，会对货物进行抵质押监管。该企业需通过分次追加保证金的方式赎回货物，即该企业每销售一批家具并获得相应销售收入后，需按照约定比例向金融机构追加保证金，之后才能从监管仓库提取对应数量的木材用于生产。在此过程中，金融机构能够实时、精准地掌控货物的流动轨迹，确保抵押物价值始终与贷款金额相匹配，有效规避因抵押物价值波动或货物不当处置所带来的风险，切实保障金融机构的资金安全。

3. 应收账款融资中的闭合性与风险控制表现

在凭借核心企业签发的应收账款进行融资的业务中，同样充分体现了供应链金融的闭合性与风险可控特征。假设一家零部件供应商为大型汽车制造企业（核心企业）供应零部件，汽车制造企业收货后会向该供应商开具应收账款票据。若该供应商在票据到期前急需资金，可将该应收账款票据质押给银行申请贷款。银行在评估贷款风险时，会重点考量核心企业的信用状况。如果核心企业在行业内具备较高信誉与稳定经营业绩，银行则有理由相信其在票据到期时能够按时支付货款。基于此，银行向该供应商提供贷款，待票据到期，核心企业直接向银行还款。在这种融资方式下，资金的划款来源清晰明确，即未来核心企业支付的货物或服务款项，极大地降低了融资风险，充分彰显了供应链金融在应收账款融资方面的闭合性优势。

4. 实际操作中的风险控制机制

在实际操作中，供应链金融能够有效拆解交易过程中的任意业务环节，并逐笔对业务进行严格审核。以电子产品供应链交易为例，从零部件采购、产品组装、成品销售到货款回收的全流程，金融机构均可进行细致审查。在零部件采购环节，审核供应商资质、采购合同条款等；在产品组装环节，关注企业生产能力与质量控制情况；在成品销售环节，考察销售渠道与市场需求。审核通过后，金融机构依据企业实际需求按需放款。同时，金融机构还会对由融通资金形成的、预期产生的现金流进行严密监管并及时回收。例如，在农产品供应链中，金融机构为加工企业提供融资用于采购农产品时，会与各方签订合同，明确农产品物流运输路线、交货时间、资金支付方式等关键要素。各方严格依约执行，加工企业收到农产品后加工成食品交付经销商，经销商销售食品获得收入后按约支付货款给加工企业，加工企业再用部分资金偿还金融机构贷款。通过这种闭合式资金运作模式，资金在供应链内部有序循环流动，风险得到有效控制，充分保障了资金使用效率与融资安全。

（四）构建了供应链商业生态系统

1. 商业生态系统的定义

商业生态系统是在个人和组织相互影响、相互作用下形成的经济联合体。其通常涵盖政府、生产商、供应商、中介、销售商以及投资商等主体，这些主体以向社会群众提供商品或者服务为目标而组织起来。在同一个商业生态系统内，各主体发挥着不同职能，彼此相互依赖、共生共存，共同构成一个完整的金融生态体系。

2. 供应链商业生态系统各群体的作用

以智能手机供应链为例，商业生态系统中的各群体在其中扮演着不可或缺的角色。政府通过制定产业政策、税收政策等，为整个供应链营造良好的政策环境。例如，政府出台鼓励科技创新的政策，助力智能手机生产商加大研发投入，推动产品升级。生产商负责手机的设计、研发和生产，是产品的直接创造者。供应商为生产商供应各类零部件，如芯片、显示屏、电池等，是生产环节的重要支撑。在中介机构中，物流企业承担产品运输和配送任务，保障产品能够及时送达各环节；金融中介机构为供应链企业提供融资、结算等金融服务，解决企业资金问题。销售商将智能手机推向市场，实现产品的价值转化。投资商为有潜力的企业提供资金支持，推动企业扩张和创新。任何一个群体的缺失都可能导致生态失衡。例如，若缺少供应商，生产商将无法获取生产零部件，致使生产停滞；若没有销售商，产品无法到达消费者手中，企业利润无法实现。

在其他供应链，如服装供应链中，同样如此。面料供应商为服装生产商提供面料，服装生产商依据市场需求进行设计和生产，销售商通过多种渠道将服装售予消费者。在此过程中，投资人可能为有创新设计理念的服装生产商提供资金，助力其扩大生产规模。市场中介，如服装行业协会，为供应链企业提供市场信息、行业标准等服务，促进企业间交流与合作。政府通过制定相关政策，规范市场秩序，保障供应链健康发展。各主体在利益驱动下，各司其职、相互合作、资源共享、互利共存，共同构建起相互作用的生态系统。

3. 供应链金融业务中的商业生态系统

在供应链金融业务开展过程中，也构建了相应的商业生态系统。该系统包含供应链上下游企业、金融机构、监管部门以及其他各类相关经济主体。上下游企业借助供应链金融获取融资支持，解决资金周转难题，推动业务发展。金融机构通过提供金融服务获取收益。监管部门负责制定政策法规，规范市场行为，保障金融安全。其他相关经济主体，如物流企业在货物监管、运输方面提供支持；信用评级机构对企业信用进行评估，为金融机构提供决策依据。这些主体相互协作，共同构成供应链金融生态圈。

4. 商业生态系统缺失的影响

若缺乏这样的商业生态系统，相关主体间会缺乏有效沟通，信息不对称问题将加剧，供应链金融活动难以顺利开展。例如，金融机构若无法获取供应链企业真实交易信息和信用状况，便难以准确评估风险，不敢轻易为企业提供融资服务。监管部门若对供应链金融市场监管不力，可能出现欺诈、非法集资等问题，破坏市场秩序，阻碍供应链金融健康发展。所以，构建完善的供应链商业生态系统，对于促进供应链金融发展、提升供应链整体竞争力具有不可替代的作用。

（五）完善了对流动性较差资产的处理

流动性较差的资产是开展供应链金融业务主要针对的目标。流动性较差的资产指的是那些难以在短期内以合理价格变现的资产。房地产、粮食、烟酒、牛羊等通常不能被称为流动性较差资产，因为这些资产在市场上有较为成熟的交易渠道和广泛的需求，很容易变现，银行等金融机构也往往乐意以其为抵押物品向企业发放贷款。

在供应链运营过程中，企业在生产和交易过程中很容易产生存货、预付款项和应收款项等众多沉淀资金。以一家机械制造企业为例，其生产过程中可能会产生大量的半成品存货，这些半成品由于其专业性和特定的用途，放到市场上很难迅速找到买家，流通性较差。这类半成品较难成为抵押物，因为银行难以准确评估这些资产的实际价值，且在需要变现时不容易找到合适的买家。再如，一家贸易企业向供应商支付了预付款项用于采购商品，但在商品交付之前，这笔预付款项就处于沉淀状态，无法为企业带来即时的收益。此外，企业的应收账款也是常见的流动性较差资产，如供应商为核心企业提供了货物或服务后，核心企业可能会根据合同约定在一段时间后才支付货款，这期间供应商的应收账款就无法及时变现。

流动性较差的资产具备良好的自偿性，即该资产会产生确定的未来现金流。以应收账款为例，它本身就是核心企业签发的未来给融资企业的钱。基于这些资产，供应链金融可以为企业提供个性化的融资方案，以满足它们的不同需求。例如，对于拥有大量应收账款的企业，金融机构可以开展应收账款质押融资业务，企业将应收账款质押给金融机构，金融机构根据应收账款的金额和账期等因素，为企业提供相应额度的贷款。在应收账款到期时，核心企业将货款直接支付给金融机构，用于偿还企业的贷款。对于有存货的企业，金融机构可以开展存货质押融资业务，通过对存货的监管和评估，为企业提供融资支持。这种针对流动性较差资产的融资模式，能够充分挖掘企业资产的价值，解决企业的资金周转问题，促进供应链的顺畅运行。

第二节　供应链金融的运作模式

一、基于参与方主导地位的供应链金融模式剖析

（一）以核心企业为主导的模式

供应链可被视作一个有机的生态系统，其中上下游中小企业的运营效率对核心企业的运营状况有着显著的制约作用。当上下游中小企业遭遇融资瓶颈时，会给核心企业带来诸多负面影响。例如，若上游供应商因资金短缺无法按时足量供应原材料，将直接影响核心企业的生产进度，导致生产停滞或延误；若下游销售商缺乏资金进行市场拓展与货物采购，核心企业的产品销售渠道将受阻，造成产品积压，最终影响核心企业的市场份额与利润获取。

在以核心企业为主导的模式下，核心企业出于维护自身利益的考量，充分利用其对供应链的强大掌控力以及对行业的深入熟悉程度，对链上融资企业的还

款能力、交易信息及运营状况等关键信息进行全面的归纳、细致的整理与深入的分析。核心企业通常会通过下设专门的融资公司，将这些经过分析整合的信息作为依据，为中小企业量身定制融资方案，以切实解决中小企业的融资难题。

该模式具备多方面的显著优势。首先，核心企业在日常的经营活动中，与上下游企业有着频繁且紧密的业务往来，能够获取大量真实的交易数据。加之核心企业长期深耕于所在行业，积累了丰富的行业经验，这使其能够精准地解读和运用这些交易数据。通过对数据的深度分析，核心企业能够最大限度地降低因信息不对称所带来的风险隐患，避免因对融资企业真实经营状况了解不足而导致的资金错配风险。这种信息优势有助于节约整个供应链的运营成本，提高供应链金融的服务效率。同时，核心企业凭借对风险因素的精准把控，极大地加强了自身对风险的控制能力。其次，在该模式下，核心企业凭借自身在行业内的地位与信誉，将获得更低的贷款门槛，在融资方面展现出明显的优势。这不仅有利于核心企业自身的资金周转与业务拓展，还能使其在为上下游中小企业提供融资支持时，具备更强的资金调配能力，进一步巩固其在供应链中的核心地位。

（二）以商业银行为主导的模式

当供应链金融以银行作为主导进行运作时，商业银行在整个供应链金融体系中占据核心主导地位。此时，商业银行直接与中小企业进行对接，向其提供相应的融资服务。在这种运作模式下，中小企业主要通过真实的贸易抵押来进行融资。商业银行充分发挥其专业优势，在供应链的所有交易环节中，深入挖掘和利用中小企业现有的动产资源，如应收账款、预付账款以及存货等，并据此设计出相应的金融服务产品。

在具体操作过程中，商业银行会积极与核心企业及下游物流公司等达成合作意向，共同开发电子供应链金融信息系统。该系统的主要功能在于采集记录应收账款、预付账款、存货等中小企业现有动产资源的详细信息。通过这一系统，商业银行能够实时、准确地掌握这些动产资源的动态变化情况，为供应链中所有配套企业设计和提供封闭的金融供应服务。封闭的金融供应服务意味着商业银行对资金的流向、使用以及还款来源等进行全程监控，确保资金在供应链内部实现安全、高效地流转。

在该模式中，商业银行作为核心主体，主要承担审核融资项目和向中小企业发放贷款等关键职责。核心企业和物流企业则需要配合商业银行开展相关工作，提供财务咨询、结算、顾问等金融服务，并以自身的信用为上下游企业提供担保。核心企业的信用担保能够增强中小企业在商业银行处的信用评级，提高其融资成功率；物流企业通过提供货物监管等服务，保障了商业银行抵押物的安全与价值稳定。

成本低、稳定性好、资金能力强是商业银行主导模式最突出的优势。商业银行拥有庞大的资金池，能够以较低的成本获取资金，这使得其在为中小企业提供融资服务时，具备更大的利率优惠空间，降低了中小企业的融资成本。同时，商业银行长期以来形成的稳定运营体系，为供应链金融业务的持续开展提供了坚实的保障。商业银行在风险管理方面拥有丰富的经验，配备了专业的风险评估团队和完善的风险评估体系，能够对融资项目进行全面、深入的风险评估，并制定相应的风险应对策略。而且，商业银行在全国各地拥有众多的商业网点，能够便捷地为企业提供金融服务。同时，其具备大量专业的金融人才，能够根据企业的不同需求，提供个性化、专业化的金融解决方案。

（三）以物流企业为主导的模式

物流企业在整个供应链的平稳运行中扮演着至关重要的角色，是供应链线下闭环中的关键一环。在我国的供应链金融实践中，银行大多委托物流企业对抵质押物进行监管。以物流企业为主导的模式，便是在对抵质押物进行精确监管服务的基础上，为上下游企业提供融资服务。在这一过程中，物流企业不仅能够获得传统的物流服务收入，还能通过提供金融监管服务获取额外的收益。

物流企业在对抵质押物进行监管时，会详细记录抵质押物的位置、数量、重量等关键信息。通过实时监控这些信息，物流企业能够确保抵质押物的安全与完整，为金融机构的资金安全提供有力保障。例如，物流企业利用先进的物联网技术，对货物的运输、存储过程进行全程跟踪，一旦发现货物出现异常情况，能够及时采取措施进行处理。

该模式具有独特的优势。首先，物流企业在日常的物流运作过程中，与供应链上的各个企业有着密切的业务往来，从而掌握了最翔实的信息流。这些信息流不仅包括货物的详细信息，如货物的种类、规格、质量等，还涵盖了链上企业的真实交易信息，如交易时间、交易金额、交易双方等。丰富的信息流使得物流企业能够深入了解供应链上企业的经营状况和信用情况，为其开展融资服务提供了有力的数据支持。其次，该模式的控货能力较强。在供应链金融中，以流动存货做抵押的运作形式相较于其他形式具有极大的优势。物流企业凭借其专业的货物管理能力和对供应链的深入了解，在质押物监管、价值评估等方面具有显著的融资优势。这使其在经营利润方面获得了更大的增长空间，同时也使其成为银行和企业之间沟通与合作的重要桥梁。物流企业能够将银行的金融服务与企业的融资需求进行有效对接，促进供应链金融业务的顺利开展。

（四）电子商务平台模式

电子商务平台基于自身的特点，通常拥有海量的用户群体。在电子商务平台上，买卖双方进行着频繁的交易活动，大量的交易信息都完整地保存在其交易平台上，并且这些信息能够被需求方轻松获取。因此，电子商务平台在物流、商流以及信息流等方面展现出了突出的优势。

电子商务平台模式指的是电子商务平台根据自身掌握的大量信息为中小企业进行担保，向商业银行融资，或者利用自有资金帮助中小企业解决融资难题的模式。在这种模式下，电子商务平台能够充分发挥其信息优势，对中小企业的经营状况和信用情况进行全面评估。通过分析中小企业在平台上的交易数据、信用记录等信息，电子商务平台能够准确判断中小企业的还款能力和风险水平，从而为其提供合适的融资解决方案。

电子商务平台模式具有多方面的优势。首先，电子商务平台能够快速获取供应链内部交易和资金流等信息，这是其进入供应链金融领域的一大着力点和显著优势。相比传统的金融机构，电子商务平台能够更及时、准确地掌握供应链上企业的交易动态，为融资决策提供更具时效性的信息支持。其次，电子商务平台通过自身的信用评级系统能够更好地控制风险。由于电子商务平台积累了大量供应链上各企业之间的交易数据，基于这些丰富的数据资源，电子商务平台可以运用先进的数据挖掘和分析技术，对企业进行分类、归纳、整理，从而对这些企业进行较为精准的信用评级。通过大数据分析，电子商务平台能够更全面地了解企业的信用状况和风险特征，进而更好地、更合理地规避风险，实现自身的收益最大化。

（五）供应链协作服务商模式

在当今复杂多变的商业环境中，大企业的经营管理面临着诸多挑战。供应链协作服务商凭借其专业的服务能力和丰富的行业经验，能够为大企业提供全方位的辅助支持，帮助大企业更好地进行经营管理。在长期的合作过程中，协作服务商与核心企业之间建立了深厚的信任关系，双方相互配合，共同推动业务的发展。

在合作过程中，协作服务商积累了大量有关键性价值的数据。这些数据涵盖了核心企业的供应链运营情况、上下游企业的交易信息、市场需求动态等多个方面。通过对这些数据的深入分析和挖掘，协作服务商能够为核心企业提供有针对性的决策建议，帮助核心企业优化供应链管理，提高运营效率。同时，这些数据也为协作服务商在行业内赢得了更高的知名度。随着知名度的提升，供应链上下游客户对协作服务商的服务或产品产生了更多的信任。这种信任为协作服务商与上下游客户达成相关金融服务合作奠定了坚实的基础。在金融服务合作中，协作服务商可以利用其掌握的数据优势，为上下游企业提供融资咨询、信用评估等服务，促进供应链金融业务的开展，实现多方共赢的局面。

二、基于供应链金融基础融资结构的分类剖析

（一）上游类

1. 交易关系与融资增信

供应商与核心企业之间构建的交易关系，在供应链金融的上游类融资中发挥着关键的增信作用。在双方持续的商业往来过程中，一系列与交易紧密相关的要素应运而生，成为供应商融资增信的有力支撑。其中，订单作为交易起始的关键凭证，明确了交易的产品或服务内容、数量、价格等核心要素，展示了供应商

与核心企业之间稳定的业务合作意向；合同则以具有法律效力的形式，对双方的权利与义务进行了详细的界定，进一步保障了交易的顺利推进；应收账款是供应商在完成交付货物或提供服务后，核心企业应支付但尚未支付的款项，它直观地反映了供应商对核心企业所拥有的债权；核心企业作出的支付承诺，是基于其自身的信誉和实力，为供应商的资金回笼提供了可靠的预期。

2. 融资实现过程

基于这些在交易过程中产生的订单、合同、应收账款以及核心企业的支付承诺，供应商能够凭借它们作为一种信用担保，向金融机构申请融资。金融机构在评估供应商的融资申请时，会深入审查这些信用担保的真实性、有效性以及可回收性。例如，对于订单，金融机构会核实订单的来源是否真实，核心企业的采购需求是否稳定；对于合同，会审查合同条款是否清晰、合规，双方的违约责任是否明确；对于应收账款，会分析核心企业的信用状况和还款能力，以及应收账款的账期、账龄等情况；对于核心企业的支付承诺，会评估核心企业在行业中的地位、经营状况和过往的信用记录。经过全面且细致的审查后，若金融机构认为风险可控，供应商便能够及时获得充足的融资，以满足其生产经营过程中的资金需求，如采购原材料、支付员工工资、扩大生产规模等，从而保障其在供应链中的持续稳定运营。

（二）存货类

1. 存货类资产构成

存货类融资主要围绕期货、现货以及货权资产展开。期货作为一种在未来特定时间和地点交割一定数量标的物的标准化合约，其价格波动反映了市场对未来供求关系的预期，具有较高的市场价值和流动性潜力；现货是指可供立即交付和使用的实际商品，在供应链中，现货的持有量和流转速度直接影响着企业的生产和销售计划；货权资产是指对货物拥有的所有权或相关权益，它确保了企业对存货的合法支配权。

2. 融资依据与质物监管

质物的本身价值或信用属性成为存货类融资的重要依据。金融机构在开展存货类融资业务时，会重点评估质物的价值稳定性、市场需求情况以及变现难易程度等因素。对于一些市场需求稳定、价格相对波动较小的大宗商品，如原油、煤炭、金属等，其作为质物进行融资的可行性较高。在质物的监管方面，由于银行通常缺乏对货物实时监控的专业能力和资源，因此会委托专业的物流机构进行监管。这些物流机构凭借其在货物存储、运输、盘点等方面的专业优势，能够对质物进行全方位、实时的监管。例如，通过运用先进的物联网技术，对货物的位置、数量、质量等信息进行实时采集和传输，确保银行能够随时掌握质物的动态情况。质物在这种严密的监管体系下，通常代表的是产生于大宗商品流通过程中的期货、存货，它们为企业提供了一种重要的融资途径。企业可以将自身持有的符合条件的期货合约、现货商品或货权资产作为质物，向金融机构申请贷款，从而盘活存货资产，解决资金周转难题。

（三）下游类

1. 下游类融资模式归类

保兑仓、厂商银等依托供应链存货进行质押的融资模式，被归为下游类（预付类）更为合理。保兑仓业务一般是指在供应商（卖方）、经销商（买方）和银行三方合作的基础上，经销商向银行缴存一定比例的保证金，银行向供应商开具承兑汇票，供应商按照约定的时间和数量向银行指定的仓库发货，货物到达仓库后转为仓单质押，银行根据经销商的还款进度逐步释放货物的一种融资模式。在这个过程中，银行通过控制货权和资金流，保障了自身的资金安全，同时也为经销商提供了融资便利，使其能够提前锁定货源，扩大销售规模。

2. 厂商银模式运作

厂商银模式是在生产企业（厂商）、经销商和银行之间建立的一种合作关系。银行根据经销商与厂商签订的购销合同，向经销商提供专项用于向厂商支付货款的授信额度。在授信期限内，经销商分次向银行存入保证金，银行则根据保证金的缴存比例，分次向厂商支付货款，厂商按照合同约定将货物发送至银行指定的仓库，并承担回购责任。这种模式有助于缓解经销商的资金压力，促进产品的销售和流通，同时也加强了生产企业与经销商之间的合作关系，实现了供应链上下游企业的协同发展。下游类融资模式通过对供应链存货的有效利用，为渠道商、经销商以及服务商等下游企业提供了一种可行的融资选择，有助于提升整个供应链的运营效率和竞争力。

第三节　供应链金融的参与者与主体

一、宏观层面的环境影响方对供应链金融的作用剖析

（一）制度环境

自20世纪70年代起，组织理论学领域的代表性学者斯科特等人针对组织行为与制度环境之间的紧密关联展开深入研究，并提出制度环境对组织的影响主要体现在管制、规范和认知这三个维度。

1. 管制维度

管制维度主要通过法律法规得以呈现，其以奖励和惩罚作为手段来严格约束行为。在供应链金融体系中，这一管制作用尤为显著。例如，在企业开展供应链金融业务时，相关法律法规明确规定了业务操作的合法边界。若企业违反这些规定，如在融资过程中提供虚假财务信息、违规挪用资金等，将会面临法律的严惩，包括罚款、停业整顿甚至追究刑事责任等。相反，对于严格遵守法律法规开展业务的企业，法律则给予相应的奖励，如在税收政策上给予一定的优惠，以鼓励企业合法合规经营。

2. 规范维度

规范维度主要表现在行业监管上，通过证书、认证等机制来实现。在供应链金融行业，行业监管部门会制定一系列严格的标准和规范。例如，金融机构若要开展供应链金融业务，需要获得相应的金融牌照，以证明其具备开展此类业务的资质和能力。同时，对于参与供应链金融的企业，可能需要通过诸如质量管理

体系认证、信用评级认证等，向市场和合作伙伴展示其在管理、信用等方面的水平。这些证书和认证机制，有助于规范供应链金融市场秩序，提升整个行业的运营质量。

3. 认知维度

认知维度主要体现在行业认同上，该系统的构建主要依赖学习和模仿。在供应链金融领域，当行业内部分企业成功实施了创新的供应链金融模式并取得良好效果时，其他企业往往会进行学习和模仿。例如，某企业通过引入区块链技术优化供应链金融的信息共享和风险控制机制，取得了显著成效。其他企业见状，纷纷研究并尝试引入类似技术，从而推动整个行业对新技术在供应链金融中应用的认同和发展。

在这三个维度对供应链金融体系的影响中，管制维度中法律法规的作用最为关键。法律法规的核心功能在于为信贷人的合法权益提供有力保障。从法律视角审视，供应链金融业务针对所服务企业在多个重要方面推出了融资活动，如不动产质押以及应收账款等。我国为推动供应链金融业务的健康发展，有着一系列相关法律法规。其中，《中华人民共和国民法典》的“合同编”明确了各类合同的订立、效力、履行、变更和终止等方面的规则，保障了交易双方的合法权益。《中华人民共和国民法典》“物权编”制定了诸多条款以监管动产的担保，对动产抵押的原则、效力、登记等方面作出了明确且细致的规定。例如，明确规定了动产抵押的登记对抗主义原则，即动产抵押未经登记不得对抗善意第三人，这一规定极大地增强了动产抵押的安全性和公信力，为供应链金融中基于动产的融资活动提供了坚实的法律基础，有力地促进了供应链金融业务的发展。此外，《动产和权利担保统一登记办法》《动产抵押登记办法》等多部法律法规，从不同角度为供应链金融业务的开展提供了法律依据和保障。

除了法律法规，相关部门的行业监管以及电子监管系统的信息化建设也对供应链金融业务的行为起到规范作用。行业监管部门通过制定详细的行业标准和监管规则，对供应链金融业务的各个环节进行监督管理。例如，对金融机构开展供应链金融业务的准入门槛、业务操作流程、风险控制措施等进行严格规定，确保业务的合规性和稳健性。电子监管系统的信息化建设则借助先进的信息技术手段，实现对供应链金融业务数据的实时监测和分析。通过对资金流向、交易数据等信息的实时掌握，监管部门能够及时发现潜在的风险和违规行为，从而采取相应的措施进行规范和整治。

在认知维度中，对网络、网络技术以及供应链金融的认同情况，同样深刻影响着供应链金融的发展。供应链网络作为一个长期协作交易的体系，且网络技术发展日新月异，企业若不能紧跟网络技术发展的步伐，对整体网络缺乏认同和信任，将直接制约供应链金融业务的展开。例如，一些传统企业由于对互联网技术的接受程度较低，对线上供应链金融业务存在疑虑，不愿意尝试和参与，这在一定程度上限制了供应链金融在这些企业中的推广和应用。相反，那些积极拥抱网络技术，对供应链金融模式高度认同的企业，则能够充分利用供应链金融带来的优势，提升自身的竞争力和发展潜力。所有这些法律法规、行业监管、文化认同等因素，虽然并不直接参与供应链金融的具体活动，但是它们共同塑造着供应链金融的制度环境，并通过这一环境对其运行产生深远影响。

（二）技术环境

在当今数字化时代，供应链上下游企业之间的交易和协同，基本上都是在互联网环境下完成的。从某种程度而言，电子信息技术已然成为推动供应链金融发展的必要技术手段。

1. 信息化手段成为供应链金融要素之一

信息化手段本身构成了供应链金融的要素之一。例如，电子化票据在供应链金融中的广泛应用，极大地提高了票据流转的效率和安全性。传统纸质票据在传递过程中存在丢失、伪造等风险，且流转速度相对较慢。而电子化票据通过电子签名、加密等技术手段，既确保了票据的真实性和完整性，又实现了即时传递，大大缩短了交易周期。在库存检测方面，借助物联网技术，企业能够实时掌握库存商品的数量、位置、状态等信息，为供应链金融中的存货质押融资等业务提供了准确的数据支持。通过对库存的实时监控，金融机构可以更精准地评估质押物的价值和风险，从而合理确定融资额度和利率。

2. 信息技术提供关键信息

信息技术为供应链金融各参与方提供了企业资金运行效率、营收情况以及风险程度等关键信息。信息技术的迅猛发展有力地促进了大数据、云计算、移动终端以及区块链等技术的整合和进步。大数据技术能够对海量的交易数据、企业财务数据等进行深度挖掘和分析，帮助金融机构更全面、准确地评估企业的信用状况和还款能力。例如，通过分析企业多年来的交易流水数据，金融机构可以了解企业的交易频率、交易对手的稳定性等信息，从而判断企业的经营稳定性和风险水平。云计算技术则为供应链金融提供了强大的计算和存储能力，使得金融机构能够高效处理和存储大量的业务数据。移动终端的普及，让供应链金融的参与方能够随时随地进行业务操作和信息查询，提高了业务的便捷性和时效性。区块链技术凭借其去中心化、不可篡改、可追溯等特性，在供应链金融中发挥着重要作用。它可以实现供应链上信息的共享和透明，增强交易各方之间的信任。例如，在应收账款融资中，通过区块链技术记录应收账款的产生、流转和还款等信息，确保信息的真实性和不可篡改，降低了金融机构的风险。

开发与应用信息技术的主体，如科研机构、服务提供商、行业竞争者等，都在有意无意地充当着供应链金融的技术环境影响者角色。科研机构通过基础理论研究，为供应链金融提供技术发展的理论基础。例如，高校和科研院所对区块链技术在金融领域应用的理论研究，为区块链技术在供应链金融中的实际应用提供了理论指导和技术支撑。服务提供商通过技术的开发与应用，为供应链金融提供专业的技术服务。例如，一些软件公司开发出专门用于供应链金融管理的软件系统，涵盖了融资申请、风险评估、资金管理等多个功能模块，帮助企业和金融机构更高效地开展供应链金融业务。行业竞争者则通过技术创新，为供应链金融带来更多技术应用的可能性。在市场竞争的驱动下，企业为了提升自身在供应链金融领域的竞争力，不断投入研发资源进行技术创新。例如，某金融科技公司通过创新研发，推出了基于人工智能的风险预警系统，能够实时监测供应链金融业务中的风险点，并及时发出预警，为行业内其他企业提供了新的技术思路和应用方向。这些技术环境影响者的行为，深刻影响着供应链金融的技术环境，进而对供应链金融的发展产生积极的推动作用。

（三）市场环境

供应链金融的市场环境涵盖了诸多复杂且相互关联的因素，其中包括市场需求、市场竞争、市场结构、市场交易机制等。

1. 市场需求的作用

市场需求无疑是推动供应链金融发展的关键因素之一。市场需求的动态变化会直接传导至供应链上的其他企业，对其生产、销售以及融资需求产生显著影响。以某汽车供应链为例，随着消费者对新能源汽车需求的日益增长，汽车制造商为了满足市场需求，需要加大对新能源汽车的研发和生产投入。这一举措不仅导致其对原材料供应商的采购需求大幅增加，同时也使其在生产和运营过程中需要更多的资金支持。在这种情况下，供应链金融可以充分发挥其融资服务功能，为汽车制造商、供应商等提供多样化的融资解决方案，满足其资金需求。例如，金融机构可以为汽车制造商提供项目贷款，用于新能源汽车的研发和生产线建设；为供应商提供应收账款融资，帮助其解决资金周转问题，确保原材料的稳定供应。

2. 市场竞争的影响

市场竞争是影响供应链金融的重要因素。在激烈的市场竞争环境中，企业为了提升自身的竞争力，需要不断优化供应链管理，降低运营成本，提高生产效率。供应链金融能够为企业提供必要的资金支持，助力企业优化供应链。例如，企业可以利用供应链金融提供的资金，投资先进的生产设备和技术，提高生产效率，降低生产成本；通过供应链金融开展库存融资，优化库存管理，减少库存积压，提高资金使用效率。通过这些方式，企业能够提升整个供应链的竞争力，在市场竞争中占据更有利的地位。

3. 市场结构的作用

市场结构对供应链金融的发展也有着不可忽视的影响。不同的市场结构，如完全竞争市场、垄断竞争市场、寡头垄断市场等，会导致企业在市场中的地位和行为呈现出显著差异，进而对供应链金融的发展产生不同的影响。在完全竞争市场中，企业数量众多，市场竞争激烈，企业的利润空间相对较小。此时，供应链金融可以帮助企业降低融资成本，提高资金使用效率，增强企业的市场竞争力。在垄断竞争市场中，企业具有一定的市场势力，但也面临着来自其他企业的竞争压力。供应链金融可以助力企业优化供应链，推出差异化的产品和服务，提升市场份额。在寡头垄断市场中，少数几家企业控制着市场，这些企业在供应链金融中往往具有更强的话语权和影响力。它们可以通过供应链金融整合上下游资源，巩固自身的市场地位。

4. 市场交易机制的影响

市场交易机制的完善程度，如交易规则、信用体系等，对供应链金融的发展至关重要。如果市场交易规则不明确、不规范，将会导致供应链金融交易过程中出现纠纷和风险。例如，在货物交付、货款结算等环节，如果没有清晰的交易规则，容易引发交易双方的争议，影响供应链金融业务的顺利开展。信用体系的健全与否同样影响着供应链金融的发展。在一个信用体系不完善的市场环境中，企业的信用状况难以准确评估，金融机构面临的信用风险较高，这将制约供应链金融的发展规模和速度。相反，一个健全的信用体系能够为供应链金融提供良好的信用环境，降低金融机构的风险，促进供应链金融的健康发展。

二、产业层面的参与者在供应链金融中的角色与作用剖析

（一）交易方

交易方涵盖了供应链节点上的各类企业，其中核心企业及其上下游中小企业是主要构成部分。在供应链的实际运营进程中，核心企业一般具有规模较大、资信实力较强的显著特征，其在市场中积累了较高的信用水平，因而在供应链中占据主导地位，对整个供应链具备强大的掌控能力。核心企业凭借自身的品牌影响力、市场份额以及资源整合能力，能够对上下游企业的生产、采购、销售等环节产生重要影响。例如，在汽车制造供应链中，大型汽车整车制造商作为核心企业，不仅决定着零部件供应商的选择和采购规模，还对经销商的销售策略和市场布局有着重要的话语权。

相较之下，中小企业由于规模相对较小、资产有限，在信用评级方面往往

处于较低水平，这使它们成为供应链上主要的资金需求者。中小企业在发展过程中，常常面临资金短缺的困境，如在采购原材料、扩大生产规模、支付员工工资等方面需要大量资金支持。然而，由于信用较低，它们难以从传统金融渠道获得足够的融资。在这种情况下，中小企业需要借助核心企业的增信作用才能获得融资机会。核心企业可以通过为中小企业提供信用担保、与金融机构建立合作关系等方式，帮助中小企业提升信用水平，从而顺利获得金融机构的贷款。例如，核心企业可以与银行签订合作协议，为其上下游的中小企业提供信用背书，银行基于对核心企业的信任，会为中小企业提供相对宽松的融资条件。

此外，中小企业还可以借助第三方物流企业或质押动产来获取金融机构的贷款。第三方物流企业在供应链中对货物的运输、存储、监管等环节有着深入的了解和专业的操作能力。中小企业将货物交由第三方物流企业监管，物流企业可以向金融机构提供货物的实时信息，如货物的数量、质量、存储位置等，帮助金融机构评估质押物的价值和风险，从而增加中小企业获得贷款的可能性。同时，中小企业还可以将自身拥有的动产，如原材料、半成品、成品等作为质押物向金融机构申请贷款。金融机构在评估动产的价值和可变现性后，会根据风险状况为中小企业提供相应的贷款额度。

（二）平台提供方

1. 搭建互动平台

平台提供方的首要任务是搭建一个互动平台，该平台能够将供应链金融的各个参与者有机地纳入其中，在交易双方和金融机构之间充当中介角色。在这个平台上，融资的需求方（交易双方）和供给方（金融机构）可以展开高效互动。平台为需求方和供给方提供单证、票据等证明信息，这些信息成为供应链融资决策的重要依据。例如，在一个电子元器件供应链中，平台提供方将电子元器件生产商（供应商）、电子产品组装企业（采购商）以及金融机构汇聚在一起。供应商和采购商在平台上进行交易，平台记录交易过程中的订单信息、发货凭证、收货确认等单证数据，并将这些数据提供给金融机构。金融机构通过分析这些数据，评估交易的真实性和风险状况，从而决定是否为企业提供融资以及融资的额度和利率等。

2. 补全交易信息

当交易过程中出现资料不全的情况时，平台提供方能够在一定程度上进行资料补全工作。以淘宝为例，淘宝作为典型的平台提供方，为买家和卖家提供了便捷的交易场所，同时配备了阿里旺旺这一沟通渠道，极大地促进了买卖双方的交流与交易。在交易过程中，淘宝详细记录了交易的各项信息，包括交易记录、支付记录、退换货记录、买卖双方的聊天记录等。当需要这些信息来证明某一方的信用时，淘宝能够将相关信息进行系统整理，并依据特定的算法估算出一个信用等级。

在供应链金融中，平台提供方的主要作用集中在信息呈现和流程操作方面，同时还为整个供应链金融活动提供风险管控服务。通过全面呈现交易信息，平台帮助金融机构更准确地评估风险，提高融资决策的科学性；在流程操作上，平台简化了交易流程，提高了交易效率；在风险管控方面，平台通过对交易数据的监测和分析，能够及时发现潜在的风险点，并采取相应的措施进行防范和化解。

（三）交易风险管理方

1. 整合物流数据

交易风险管理方最主要的职责之一是对交易中的物流数据进行整合。在供应链金融中，融资依据往往是企业流动性较差的资产，如半成品库存等，而交易中的物流环节则是这类资产的直接表现形式。交易风险管理方需要具备专业的物流管理知识，以准确把握物流业务的运行状态，同时要清晰了解物流过程中的关键控制点，避免因信息偏差给风险承担者带来严重后果。例如，在一个服装供应链中，交易风险管理方需要整合服装原材料供应商将面料运输至服装加工厂的物流数据，包括运输时间、运输路线、货物数量及质量等信息，以及服装加工厂将成品服装运输至经销商的物流数据。通过对这些物流数据的整合与分析，交易风险管理方能够评估货物的流转效率、库存水平以及潜在的风险因素，如运输途中的货物损坏、延误等情况，从而为金融机构提供更准确的风险评估依据。

2. 运用信息技术和大数据

在供应链金融业务中，信息技术和大数据构成了保证物流信息与融资活动精准匹配的技术基础。一方面，所有物流服务提供商需要借助信息技术实现信息的快速传递。例如，物流企业通过物流管理系统，将货物的实时位置、运输状态等信息及时反馈给供应链中的各方参与者。另一方面，在大数据的辅助下，交易风险管理方能够深入了解在供应链中进行交易的参与方的状态、交易的特征、产品的性质等情况。通过对采集到的大数据进行整合、分析和统计，交易风险管理方可以全面掌握供应链的运行状况，有效控制融资风险。在这一过程中，交易风险管理方还需要对真实交易的过程以及产品的状况进行实时监控，通过多种手段尽量降低融资过程中可能发生的风险。例如，利用大数据分析技术，交易风险管理方可以对供应链上企业的历史交易数据进行挖掘，分析企业的交易频率、交易对手的稳定性、付款习惯等信息，从而评估企业的信用风险；同时，通过实时监控交易过程中的物流信息和资金流向，及时发现异常情况，如货物长时间滞留、资金回笼延迟等，采取相应的风险预警和应对措施。

3. 促进融资行为

在交易风险管理方的整体设计和管理安排下，供应链中小企业能够更加快速地获得融资，有效解决融资困难的问题。交易风险管理方通过对供应链金融业务流程的优化和风险的有效管控，为金融机构提供了更可靠的风险评估依据，增强了金融机构为中小企业提供融资的信心。例如，交易风险管理方通过建立科学的风险评估模型，对中小企业的信用状况、经营能力、还款能力等进行综合评估，并将评估结果提供给金融机构。金融机构根据这些评估结果，为符合条件的中小企业提供合适的融资产品和服务，帮助中小企业获得发展所需的资金。

此外，平台提供方和交易风险管理方存在一定的区别。平台提供方主要负责收集和提供交易数据，其提供的数据如同原生态的“蔬菜”，而交易风险管理方则负责对这些数据进行分析和监控交易，如同将“蔬菜”进行甄别和加工，最终根据不同的需求做出定制化的“菜肴”（方案）。平台提供方将需要的各种信息收集起来，提供给交易风险管理方；交易风险管理方对这些信息进行深入分析和处理，为供应链金融活动提供更具针对性的风险管控方案和决策支持。

需要指出的是，在实际运行中，平台提供方可以同时成为交易风险管理方，交易风险管理方也可以兼任平台提供方，两者常常相互结合。以淘宝为例，一方面，淘宝收集买卖双方的交易记录、库存、销售、退换货及其他相关数据等，发挥了平台提供方收集和提供数据的功能；另一方面，淘宝对这些数据进行科学深入的分析，依据分析结果对买家、卖家进行信用评级，同时监控商品物流等信息，履行了交易风险管理方的职责。此外，京东、苏宁易购等电商平台也都同时充当着平台提供方和交易风险管理方的角色。

在产业供应链中，上下游企业间的交易流程和物流信息要复杂得多，而且并非所有供应链都有像京东、淘宝这样的大型平台进行数据整合和分析。因此，通常由不同的主体分别充当平台提供方和交易风险管理方。这些主体可能是供应链中的核心企业，如成品生产企业、大型零售商，它们凭借自身在供应链中的地位和对交易数据的掌握，承担起平台提供方和交易风险管理方的部分职能；可能是专门的服务机构，如物流公司、商贸公司等，利用其专业优势，为供应链金融活动提供平台服务和风险管理服务。

（四）流动性提供方

流动性提供方即供应链金融的供给主体，如商业银行、保理公司等。它们在供应链金融服务中扮演着为中小企业提供贷款支持的重要角色。流动性提供方的主要职责包括直接提供贷款融资，或者为贷款融资提供担保。尽管有交易风险管理方为其提供数据分析结果，但最终的融资决策权仍然掌握在流动性提供方手中。流动性提供方需要对提供的贷款额度、贷款能否顺利收回以及能否实现盈利等关键问题作出决策，因此，流动性提供方也可以被视为风险承担方。

另外，流动性提供方还承担着制定融资产品具体条款的重要工作。在建立供应链金融体系方面，流动性提供方追求的目标是使各参与方能够稳定地在供应链金融服务中获取对应的回报及收益，这是一项至关重要的工作。它直接关系供应链金融能否实现良性运行。例如，商业银行在为中小企业提供供应链金融贷款时，需要根据企业的信用状况、还款能力、市场前景以及供应链的整体稳定性等因素，制定合理的贷款利率、还款期限、贷款额度等条款。同时，商业银行还需要与供应链中的其他参与方，如核心企业、交易风险管理方等密切合作，建立有效的风险分担机制和沟通协调机制，确保供应链金融业务的顺利开展，实现各方的互利共赢。保理公司在开展供应链金融保理业务时，也需要制定相应的业务规则和条款，明确应收账款的转让价格、融资比例、手续费等内容，通过合理的业务设计和风险控制，为中小企业提供优质的融资服务，促进供应链金融的健康发展。

三、供应链金融的功能执行者与需求主体剖析

（一）供应链金融的功能执行者

供应链金融的功能执行者是参与供应链微观结构中的企业或组织，通常涵盖参与供应链运营活动的所有单位和部门，如生产单位负责产品的制造与加工，保障产品质量与生产进度；采购单位承担原材料及物资的采购任务，确保供应的及时性与成本效益；物流单位负责货物的运输、仓储与配送，保障供应链的实体流转顺畅；分销单位专注于产品的销售渠道拓展与产品分销，将产品推向市场。这些单位和部门在供应链金融中扮演着至关重要的角色，其主要职责是处理各类接口事宜。

1. 单位和部门职责细分

为了确保供应链金融业务的高效开展，每个单位和部门，乃至每个相关人员的职责划分都需要十分清晰。以审计单位为例，其在供应链金融中的重要职责之一是核验票据、财务报表的真实性。在供应链金融业务中，票据和财务报表是重要的信息载体，它们反映了企业的交易情况与财务状况。审计单位通过专业的审计方法和流程，对票据的真伪、来源合法性以及财务报表数据的准确性、合规性进行细致审查，为金融机构和其他参与方提供可靠的决策依据，防范因虚假信息导致的金融风险。

物流单位在供应链金融中，主要负责提供相关交易的物流信息。在供应链金融业务涉及存货质押等融资方式时，物流信息的准确与及时至关重要。物流单位需实时记录货物的运输轨迹、仓储状态、库存数量等信息，并将这些信息及时传递给相关方。例如，在存货质押融资中，金融机构需要根据物流单位提供的库

存信息，准确评估质押物的价值与风险，从而确定融资额度与利率。

电子商务平台在供应链金融中，主要为该交易的客户提供平台证明，如支付信息等。随着互联网技术在供应链金融中的广泛应用，电子商务平台积累了大量的交易数据。在供应链金融业务中，这些数据可作为客户信用评估的重要依据。例如，平台记录的客户支付记录、交易频率、退货情况等信息，能够帮助金融机构更全面地了解客户的信用状况与交易行为，降低信用风险。

2. 单位和部门间协作

各个单位和部门相互配合，是更好地完成供应链金融业务的关键。在一笔基于应收账款的供应链金融融资业务中，采购单位与供应商完成采购交易并形成应收账款后，审计单位对相关交易合同、发票等票据及财务报表进行核验，确保交易的真实性与合规性；物流单位提供货物运输、交付的物流信息，以佐证交易的实际发生；电子商务平台提供交易双方在平台上的交易记录、支付信息等，为金融机构评估融资风险提供多维度的数据支持。通过各单位和部门的协同合作，金融机构能够更全面、准确地评估风险，作出合理的融资决策，从而推动供应链金融业务的顺利开展。

（二）供应链金融的需求主体

供应链金融作为一种新的产业与金融融合的形式，实现了产业链上信息的共享。从这个角度看，产业链上的所有参与者都可被视为供应链金融的客户和需求主体，其中主要包括核心企业及其上下游的中小企业。

1. 核心企业与中小企业存在需求差异

核心企业通常凭借良好的经营状况和较高的信用评级，在金融市场上具有较强的融资能力，不难实现融资，因而对供应链金融融资的需求相对并不强烈。然而，那些在产业链条上处于相对弱势地位的中小企业，情况则截然不同。中小企业出于规模较小、资产有限、信用评级相对较低等原因，通常存在较大的融资缺口，成为供应链金融的需求主体。

2. 中小企业的重要性与融资问题

在我国的企业群体中，中小企业占据最大比例，并且是众多企业群体中最具活力的一类。中小企业具有灵活的市场应变能力和运行机制，在我国经济市场中占据着重要战略地位。它们在促进就业、推动创新、繁荣市场等方面发挥着不可替代的作用。

目前，我国的经济发展进入了新常态，各方对中小企业的生存、融资等方面的问题给予了高度关注。融资难、融资贵等问题导致我国部分中小企缺乏运营资金，一定程度上限制了其可持续发展。中小企业因资金短缺，可能无法及时采购原材料、更新设备、拓展市场，进而会影响企业的生产经营与发展壮大。这种状况不仅对中小企业自身不利，从宏观层面看，也会在一定程度上影响国家经济的平稳健康发展以及转型。中小企业发展受限，还会在一定程度上影响就业岗位的程度，降低经济创新活力，阻碍产业结构的优化升级。因此，解决中小企业的融资难题，充分发挥供应链金融对中小企业的支持作用，具有重要的现实意义。

3. 中小企业的融资渠道

中小企业由于自身规模较小、财务报表等规范性不足，在资本市场中面临诸多限制，很难进入股市和债券市场进行直接融资。股市对企业的规模、盈利能力、治理结构等方面有着严格的要求，而中小企业往往难以达到这些标准。例如在规模上，上市企业通常需要具备一定的资产规模和营收规模，而中小企业资产有限，营收相对不稳定，难以满足上市门槛。在债券市场方面，发行债券需要企业有良好的信用评级和稳定的现金流来保障债券的偿付，部分中小企业由于财务报表不够规范，信用评级普遍较低，难以获得投资者的信任，因此也很难通过发行债券来筹集资金。所以，中小企业主要依靠银行、小额贷款公司，通过固定资产或存货质押等方式进行融资。大型商业银行在面对贷款申请时通常持审慎态度。相较大型企业，中小企业规模小、抗风险能力弱，财务状况不够透明，这使得大型商业银行在评估中小企业贷款风险时面临较大困难。

政策性融资成为一些中小企业获得融资的新渠道。特别是在提出“大众创业、万众创新”之后，国家配套推出了一系列针对创业期中小企业的红利政策。政府通过设立专项基金、提供财政贴息、税收优惠等方式，鼓励金融机构向中小企业提供融资支持。例如，政府设立的创业投资引导基金，通过参股、融资担保等方式，引导社会资本投向中小企业，为中小企业提供了更多的资金来源。一些地方政府还对符合条件的中小企业贷款给予财政贴息，降低了中小企业的融资成本，提高了金融机构向中小企业放贷的积极性。

4. 中小企业的融资成本

中小企业的融资成本普遍较高，这是由多方面因素导致的。一方面，从融资渠道来看，商业银行贷款虽然是中小企业融资的重要途径之一，但银行在确定贷款利率时，会在基准利率的基础上进行一定幅度的上浮。小额贷款公司以营利为目的，且其运营成本相对较高，为了覆盖风险和成本，其向中小企业收取的贷款利率往往还会高于银行贷款利率。

另一方面，在融资过程中，中小企业还需要承担一系列的附加成本。例如，在进行固定资产或存货质押融资时，需要支付评估费用，对抵押物进行价值评估，这增加了融资的前期成本。如果通过担保公司获取融资，还需要支付一定比例的担保费，担保费通常为贷款金额的 2% ～ 5% 不等。此外，一些中小企业在融资过程中可能还会面临隐性成本，如为了获取贷款，可能需要花费较多时间和精力与金融机构沟通协调。

第四节 供应链金融的功能与信用系统

一、供应链金融的功能剖析

（一）追踪供应链资金流

1. 会计制度体系的转变

在传统会计制度体系下，会计工作主要聚焦于企业自身买卖数据的计算，如采购环节的资金支出、销售结算以及财务清算等。此时，产出与投入的效率成为测量企业绩效的核心指标。企业通过核算自身内部交易数据，评估生产经营活动的效益。然而，在供应链金融背景下，会计工作范畴大幅拓展。会计不仅要处理企业内部所有交易数据，还需对供应链上各节点间的交易信息进行收集、整理与分析，同时对相关流程的测量与识别进行处理。此外，企业还需将自身运营状态、盈利情况等详细信息向供应链协作方阐述说明。在这一过程中，物流运输效率、缺货比率等指标也纳入绩效考核范畴。物流运输效率直接影响产品交付时间与成本，高效的运输能降低成本、提升客户满意度；缺货比率反映企业库存管理水平，低缺货率有助于保障生产连续性与销售稳定性。

2. 追踪资金流的重要性

对供应链中不同成员之间流通的金融资源进行追踪，可视为供应链金融的核心业务之一。只有清晰掌握资金流动情况，企业才能制订出更高效的资源配置方案，实现供应链资源的优化。例如，若能精准了解资金在供应商、生产商、销售商等各环节的流动速度与规模，企业便能合理安排生产计划、调整库存水平、优化采购策略。当发现某一环节资金积压时，可及时调整运营策略，将资金调配至更需要的环节，提高资金使用效率，降低资金成本。

3. 资金流追踪的难点与解决途径

精准识别与追踪供应链资金流，需追溯支付源头。传统会计核算方法存在局限性，难以满足这一需求。传统静态会计核算以周期为单位，如一季度、半年或一年，无法实时跟踪持续的现金流。在快速变化的供应链环境中，这种周期性核算难以反映资金的即时动态，导致企业无法及时作出决策。同时，静态的资产负债表和收入表无法呈现资金来源及交易背景，也就无法揭示资金流源头。例如，企业通过资产负债表只能看到某一时点的资产、负债和所有者权益状况，无法知晓资金从何处来、因何交易产生。而供应链金融改进资金流管理，更关注链上物流信息、交易信息，能辨别静态资产交易的真实性、资金来源等。

为更好发挥供应链金融功能，需追踪供应链资源流动情况，建立科学有效的会计核算体系，实现收付实现制和权责发生制的混合。收付实现制能直观反映资金实际收付情况，权责发生制则能更准确地反映企业经营成果与财务状况。两者结合，可以更加全面、准确地呈现供应链资金流动与企业经营状况。同时，为使供应链企业及时了解支付交易动态信息，参与成员应共同构建可行可信的会计核算中心。通过该中心，各企业可获取详细财务信息，避免因会计核算体系不适用导致信息偏差与错误，减少供应链金融运行中的分歧与风险。例如，在一个包含多个企业的供应链中，通过会计核算中心，各企业能实时共享财务数据，统一核算标准，确保数据准确性与一致性，提升供应链金融运作效率。

（二）使资金得到灵活、有效运用

在供应链金融体系下，投资决策时供应链各成员可考虑协作投资，发挥自身优势，综合分析投资费用与收益，使资金得到灵活、有效运用。

1. 能够整合供应链参与成员的资源

传统供应链投资多为议价能力强的企业单独投资，而在协作投资模式下，供应链上各参与成员共同投资某一项目，极大地整合了供应链参与成员的资源。例如，某制造业核心企业为加强采购及仓库管理，计划建立一座仓库并引入货物处理流程。若单独投资，不仅资金压力大，且难以充分发挥各环节优势。而供应链上游成员企业，如供应商、物流企业对该仓库进行联合投资，物流企业承担物流货物部分投资管理，可增强企业采购优势，减少单个企业投资金额，降低投资风险。这种联合投资模式充分整合各企业资源与专业能力，为投资项目带来更多可能性与优势。

2. 为所有供应链参与成员提供最高价值的方案

供应链金融的应用，可以根据不同参与成员的自身需求，权衡各成员方案价值，选出最高价值方案。例如，可供供应商选择的订单跟踪系统有甲乙两种。甲系统具有更强财务吸引力，如成本更低、收益更高，但乙系统与供应商的客户、合作伙伴所使用体系更接近，从供应链整体角度看，选择乙系统可节省沟通和行政费用，提升供应链协同效率。虽然甲系统在财务指标上更优，但若综合考虑供应链各环节的协同性，乙系统对整个供应链的价值更高。通过这种综合权衡，可确保投资方案不仅满足单个企业利益，还能提升整个供应链的价值与竞争力。

（三）扩大金融资源的源泉

1. 传统金融与供应链金融在内部融资上的差异

传统金融服务企业多依靠以年为单位编制的资产负债表或财务报表获取融资，且在企业内部静态融资信息中，只有自有资金、未分配利润、资产折旧等可用于融资考量。然而，在实际运营中，企业许多潜在资金资源无法通过这种方式获得融资。例如，企业拥有的一些无形资产，虽具有潜在价值，但在传统静态财务报表中难以体现，无法作为融资依据。

2. 供应链金融对内部融资的新视角

在供应链金融业务中，从资金流动角度看待企业内部融资，传统的融资分类不再适用，因为其未关注资金实际支付情况。内部融资中的资金来源在传统财务报表中，如利润，虽代表一种收益，但在资产负债表中，利润并不等同于现金，无法直接用于企业花费。不过，企业可通过合理节税变现产生现金，增加内部融资资金来源。例如，企业通过合理规划税务，利用税收优惠政策，减少纳税支出，将节省下来的资金用于企业运营与发展，从而扩大内部融资资源。此外，供应链金融还可挖掘企业在供应链中的其他潜在融资资源，如基于供应链交易产生的应收账款、存货等资产，通过金融创新手段将其转化为可融资资产，进一步扩大金融资源源泉，为企业发展提供更多资金支持。

二、供应链金融的信用系统剖析

（一）供应链金融信用的内涵

信用的基本内涵围绕按照约定划款付息展开，其对立面为违约。从客观层面来看，偿还人的还贷能力决定了能否守约；从主观层面来看，偿还人的还款意愿（如有的偿还人即便具备偿还能力却拒绝还款）影响着信用履行情况，而违约行为必然会受到法律的制裁。在供应链金融领域，信用的高低主要取决于企业信用、交易的真实性和债项的真实性这三大关键要素。

1. 企业信用

供应链涵盖核心企业及其上下游的众多节点企业，不同类型企业的信用状况对供应链金融有着各异且重要的影响。

（1）核心企业信用的关键作用。核心企业的信用在供应链金融业务开展中起着决定性作用。因其在行业内往往具备强大的市场影响力、较高的市场占有率以及稳定的经营业绩，自身信用状况通常较为可靠。这种稳定的信用为供应链上其他节点企业的信用提供了坚实保障，对整个供应链金融的良好运转至关重要。例如，在汽车制造供应链中，大型汽车整车生产企业作为核心企业，凭借其品牌声誉和雄厚的资金实力，拥有较高的信用评级。银行基于对核心企业信用的信任，更愿意为该供应链上的其他企业提供融资支持。反之，如果核心企业信用不足，银行出于风险考量，会对整个供应链的融资申请持谨慎态度，甚至有可能拒绝提供融资，使得供应链的资金流动陷入困境。

核心企业上下游节点企业的资金状况与核心企业自身资金流紧密相连。以核心企业的上游供应商为例，当供应商在供应原材料或半成品时遭遇资金周转难题，且无法从银行获得贷款，若核心企业不想更换该供应商，可能会选择全款支付或预付大量货款来协助供应商周转资金，这无疑会占用核心企业自身的资金流。在下游方面，若下游节点企业资金充裕，核心企业的销售货款便能快速收回，同时下游经销商在进货时拥有更充足的流动资金，有助于提高核心企业的产品销售速度，促进资金回笼。

从融资能力来看，核心企业在传统金融环境下融资需求较易得到满足。核心企业凭借垄断地位、高盈利水平以及庞大的可评估资产规模，在金融市场中具有较强的议价能力，能够较为轻松地获取银行融资。然而，其上下游的中小企业却面临截然不同的境遇。中小企业规模相对较小，资产有限，经营稳定性较差，财务信息透明度低，这些因素导致其信用评级较低，与银行的信贷评估标准难以匹配，在融资过程中困难重重，这也凸显了现代金融体系在服务中小企业方面存在的不足。

（2）节点企业信用的复杂性。节点企业的信用包含多方面要素，如在供应链中的还款能力、经营状态以及还款意愿。一般而言，节点企业自身的财务状况、还款能力以及个人还款意愿容易受到外部环境压力的影响而产生快速变化。

例如，市场需求的突然波动、原材料价格的大幅上涨、政策法规的调整等外部因素，都可能对节点企业的经营业绩和财务状况造成冲击，进而影响其还款能力和还款意愿。这种易变性使得银行在为节点企业提供融资时面临较大的道德风险。在传统信用评价体系下，中小企业由于规模小、抗风险能力弱、财务制度不健全等固有劣势，信用存在不足，难以满足银行严格的信贷评估要求，因此较难获得银行的金融服务。

2. 交易的真实性

交易的真实性是决定供应链金融融资风险高低的关键因素，众多重大融资风险背后往往隐藏着虚假交易行为。交易在供应链上表现为节点企业之间以合同、订单为载体，通过货币媒介进行价值交换，并伴随产权交换的过程。在这一过程中，除了合同、订单、支付、货物交付等直观要素外，还有诸多因素影响着交易真实性的判断。

（1）物流因素。物流是交易真实性的重要佐证。常见的物流方式包括自营物流和第三方物流等。在真实交易中，必然会留下详细的物流记录，涵盖收货时间、转运地点、送达时间等关键信息。例如，一家电子产品制造企业从供应商处采购零部件，采用第三方物流配送。物流企业会记录货物从供应商仓库发货的时间、运输途中在各个转运中心的停留时间以及最终送达该制造企业仓库的时间等信息。这些物流记录可以与交易合同、支付凭证等相互印证，为交易真实性提供有力支撑。

（2）信息流因素。企业自身系统中通常保存着下单记录、支付记录、出库记录等信息，部分企业也可能以纸质文档形式留存相关信息。这些信息流反映了交易的全过程，是判断交易真实性的重要依据。例如，电商平台上的商家在销售商品时，平台系统会记录消费者的下单时间、支付金额、商品出库时间以及物流单号等信息。这些信息相互关联，形成了完整的交易信息流链条，有助于验证交易的真实性。

（3）证据因素。证据可分为直接证据和间接证据。直接证据能够直接证明交易的真实性，如收货时的视频、库存照片、运输车辆的车牌号码等。以一家服装企业采购面料为例，收货时拍摄的视频可以清晰显示货物的数量、质量以及供应商的标识等信息，直接证明了交易的发生。间接证据则与交易间接相关，用于辅助证明交易真实性，例如生产企业加班的电费。若一家企业宣称在某段时间内加班生产以满足订单需求，而其电费支出在该时间段内显著增加，这可以作为间接证据支持其生产活动和相关交易的真实性。

在判断交易的真实性时，需要对上述各类信息进行整理归纳、交叉验证，确保数据符合逻辑。例如，若企业声称加班发货，但用电量却比正常不加班时还少，这显然不符合生产经营的逻辑，交易的真实性便值得怀疑。随着供应链的持续运行，交易数据信息处于动态变化中，采用人工手段验证交易真实性成本高昂且效率低下，难以满足实际业务需求。

3. 债项的真实性

债项作为业务单元中不可分割的最小组成部分，其是否成立以及能否进行质押融资，与权益的完备性和债项的真实性紧密相关。债项的真实性涉及多个关键要素。

（1）主体的真实性。债务人及债权人必须是真实存在且合法经营的主体。在供应链金融业务中，参与交易的各方主体身份的真实性是保障债项合法、有效的基础。例如，一家企业在与供应商进行交易时，若供应商是虚构的主体，或者存在营业执照被吊销等非法经营情况，那么基于该交易产生的债项将不具备法律效力，无法作为融资的依据。

（2）合同的真实性。所有合同必须真实、合法，合同中的签名、公章等要素都要真实、有效，否则属于虚假合同。近年来，频频发生的“萝卜章”事件警示了公章等合同要素真实性的重要性。值得注意的是，即使合同本身真实，也可能产生虚假债项。例如，一些融资方为获取更多银行贷款，可能会虚开交易单证或虚增交易金额；企业可能会伪造与供应商的采购合同，虚报采购数量和金额，以骗取银行更高额度的贷款。

（3）交易的真实性。必须发生真实的交易行为。即使双方签订的合同中公章、签名真实，但如果没有实际的交易活动，只是为了骗取银行贷款而虚构交易，则该交易为虚假交易。例如，两家企业签订了看似正规的货物买卖合同，但实际上并未发生货物的交付和所有权转移，只是通过虚假交易套取银行资金，这种行为严重损害了供应链金融的健康发展。

（4）票据的真实性。票据及其数量、金额等内容必须真实且准确无误，与交易环节的记录完全一致。在供应链金融中，票据作为重要的支付和结算工具，其真实性直接关系到债项的真实性。例如，企业开具的商业汇票，其金额、出票日期、付款人、收款人等信息必须与实际交易情况相符，否则将影响债项的有效性。

（5）债项的真实性。必须在真实交易中产生应收账款，且交易金额与应收账款完全相同，不存在虚报、错报、漏报、多报金额的情况，保证债权的完整性（只能是首次完整质押）、无瑕疵。以某公司骗贷案为例，该公司为获取 4000 万元银行贷款，虚增了约 1. 3 亿元应收账款，通过欺诈手段骗取贷款，给银行造成了巨大损失，也凸显了确保债项真实性的重要性。

（二）供应链金融信用的系统特征

供应链金融中的信用并非核心企业信用与节点企业信用的简单累加，而是一种系统性的信用体系，内部各信用要素之间存在着相互制约、相互协调、相互传导的复杂关系。其系统特征主要体现在以下几个方面。

1. 核心企业的信用是核心保障

核心企业凭借在供应链上强大的竞争优势和卓越的经营能力，拥有可靠的信用水平，其信用成为供应链金融信用的核心保障，也是上下游中小企业信用的重要参照。例如，在电子消费产品供应链中，核心企业通常是具有知名品牌和大规模生产能力的企业，其稳定的经营和良好的信用为整个供应链注入了信心。上游节点企业一般会为核心企业设置 3 ～ 6 个月的应收账款期限，由于核心企业拥有较强的经济实力和良好的信用基础，即便中小企业偶尔出现拖欠还款的情况，银行等金融机构也可从核心企业签发的应收账款中收回融资款项，有效降低了融资风险。然而，需要高度关注的是，一旦核心企业的信用出现问题，如经营不善、市场环境突变等原因导致信用评级下降，整个供应链的信用将随之受到剧烈冲击，所有融资项目都将面临巨大风险。因此，在供应链金融的信用管理中，对核心企业信用的管理是重中之重。金融机构和供应链中的其他企业需要密切关注核心企业的经营状况、财务指标、市场动态等信息，及时评估其信用变化对供应链的影响，并采取相应的风险应对措施。

2. 节点企业的信用风险具有普遍性

供应链上节点企业普遍面临较大的融资风险，主要源于以下三个方面。其一，节点企业自身规模较小，资产相对匮乏，一旦在经营管理方面出现问题，如市场开拓不力、成本控制失效、内部管理混乱等，其还款能力将变得极不稳定。例如，一家小型零部件生产企业若因未能及时跟上市场对产品技术升级的需求，导致订单量大幅减少，其营业收入将随之下降，进而影响还款能力。其二，节点企业抵抗风险能力较差，面对自然灾害、政策调整、市场剧烈波动等不可抗因素时，往往难以维持正常经营。例如，在环保政策趋严的背景下，一些高污染、高能耗的小型企业可能因无法满足环保要求而必须停产整顿，经营陷入困境。其三，节点企业在运营过程中可能出现产品质量不达标、货款不能及时回款等状况。一旦这些风险发生，节点企业的信用状况将恶化，进而对整个供应链金融的信用产生负面影响。因此，只有当核心企业保持良好的经营状态，或者供应链通过优化结构增强韧性，银行等金融机构才会考虑为节点企业授信。这就要求节点企业加强自身经营管理，提升产品质量和服务水平，增强抗风险能力；同时，供应链中的各成员企业应加强协作，通过优化供应链结构，如建立战略合作伙伴关系、共享信息资源、协同应对风险等方式，提高整体信用水平，增加获得银行授信的机会。

3. 供应链信用风险存在传染性和突变性

供应链金融的信用风险具有显著的传染性和突变性。在供应链系统中，各个节点企业之间通过交易形成了错综复杂的网状结构，上下游关系紧密相连，资金流如应收账款、预付款、销售款等相互交织。例如，在一个服装供应链中，若销售端的零售商因市场需求突然减少，无法及时将货款回款给上游的服装生产企业，而服装生产企业如果资金储备不足，可能无法按时给提供面料的上游供应商支付货款，这种信用风险便会沿着供应链向上游逐级传递。同样，上游节点企业若出现经营问题，如原材料供应商因生产事故不能及时给下游的半成品加工企业供货，将导致核心企业的生产数量减少，进而影响对下游经销商的供货，最终在销售端反映为产品缺货、销售额下降、客户流失等问题。

供应链中的每一个节点企业都对应着一位决策者，当决策者察觉到上一节点存在风险因素时，往往会采取严格措施来避免自身受到风险影响。然而，这种个体的风险规避行为可能在供应链中逐级放大风险。例如，多个上游企业为了降低自身风险，同时收紧信用政策，减少对下游企业的供货或延长收款期限，可能导致整个供应链的资金流动陷入停滞，引发系统性风险。这种传染性和突变性要求供应链中的企业建立有效的风险预警机制和协同应对机制，及时发现和化解潜在的金融信用风险，防止风险在供应链中扩散和升级。

4. 供应链金融更青睐供应链结构信用而非单个节点企业信用

供应链金融更倾向于关注供应链结构信用，即银行等金融机构更愿意为运营效率高的供应链上的节点企业提供授信，且这些企业通常需要有核心企业的信用担保。供应链结构信用并非单个节点企业信用的简单叠加，而是由供应链结构所产生的一种整体性信用。即使某个节点企业自身资质较好、信用度高，但如果缺乏整个供应链信用的支撑，银行可能会担忧供应链的结构性风险对该节点企业的影响，从而出现惜贷现象。例如，在一个新兴行业的供应链中，某家零部件供应商虽然自身财务状况良好、信用记录优良，但由于其所处的供应链整体处于发展初期，结构不够稳定，上下游企业之间的协作还不够成熟，银行可能会对为该供应商提供融资持谨慎态度。相反，如果该供应链具有清晰合理的结构，核心企业能够有效协调上下游企业的生产经营活动，提高供应链的整体运营效率，银行则更愿意为链上的节点企业提供融资支持。这表明供应链金融注重供应链整体的稳定性、协同性和运营效率，通过评估供应链结构信用来降低融资风险，促进供应链的健康发展。

（三）供应链金融信用的特点

1. 信用的起点：核心企业的信用

核心企业的信用是供应链信用的起点，其基础稳固与否直接关乎整个供应链的信用状况。若核心企业信用缺失，所有节点企业将失去核心企业刚性的信用支持，所有基于供应链交易产生的债项都将面临经营风险。对于银行等金融机构而言，此时供应链的信用近乎为零。例如，在手机制造供应链中，若核心品牌企业因产品质量问题或市场竞争失利，导致经营陷入困境，信用评级大幅下降，那么其上下游的供应商、代工厂商、经销商等节点企业将受到严重影响。供应商可能无法按时收到货款，代工厂商可能面临订单减少的困境，经销商可能因品牌声誉受损而销售不畅。在这种情况下，银行对该供应链上企业的融资意愿将急剧下降，因为核心企业信用的崩塌使得整个供应链的信用体系失去了根基。

2. 信用的实现方式：交易行为或供应关系

供应链上的中小企业主要通过与核心企业的交易行为或者供应链关系来提升自身信用。例如，供应商为核心企业供货，核心企业签发的应收账款（相当于信用担保）成为供应商增信的重要手段。供应商可以凭借该应收账款向银行发起融资申请，银行基于对核心企业信用的信任，在评估融资风险时会相对降低对供应商的信用要求。这种通过供应链交易和关系实现的信用增强，打破了中小企业因自身信用不足难以获得融资的困境。同时，核心企业与上下游企业之间长期稳定的供应关系，也有助于中小企业在供应链中积累信用，提高自身在金融市场中的融资能力。例如，一些长期为核心企业提供优质产品和服务的供应商，随着合作时间的延长和合作关系的加深，其在银行等金融机构眼中的信用评级也会逐步提高。

3. 信用的传递：逐级衰减

一般情况下，一级供应商和一级分销商因与核心企业存在直接交易关系，会成为供应链中获取核心企业信用最多的节点。从这两者向供应链两端延伸，节点的信用呈现逐级衰减的趋势，即距离核心企业越远，节点所获得的信用越少。这是因为一级供应商和一级分销商与核心企业保持着紧密的合作关系，订单数量相对稳定，经营状况也较为稳定，所以其信用水平相对较高。例如，在汽车零部件供应链中，直接为整车生产企业提供关键零部件的一级供应商，由于与核心企业的频繁业务往来和严格的质量管控要求，其生产经营相对规范，信用状况良好。而供应链两端的节点企业，如一些小型的原材料供应商或销量有限的二级经销商，信用水平相对较低，且往往对融资的需求更为迫切。然而，由于信用不足，这些节点企业很难从正规渠道获得融资。为了减轻节点信用的衰减程度，维持供应链整体的信用水平，可通过两种方式实现：一种是借助核心企业的力量管理供应链，核心企业可以通过制订统一的质量标准、信用评估体系、资金支持计划等方式，提升上下游企业的经营管理水平和信用状况；另一种是通过供应链外包服务，引入专业的供应链管理公司，利用其专业的管理经验和资源整合能力，优化供应链结构，增强节点企业之间的协作，从而提高供应链整体的信用水平。

第二章

数字化供应链金融的模式、资金来源和风险来源

第一节　数字化供应链金融与传统供应链金融的对比

一、参与主体的差异

（一）数字化供应链金融的多元主体

数字化供应链金融的参与主体呈现出多元化态势。除传统的银行、核心企业、物流企业、融资企业外，电商平台、融资租赁公司、担保公司等也在其中发挥着关键作用。例如，在某服装供应链中，电商平台整合服装生产企业、经销商、零售商的交易信息，融资租赁公司为中小企业提供设备与资金用于生产，担保公司为企业融资提供担保，形成了多方协同的融资生态。

（二）传统供应链金融的单一结构

传统供应链金融的参与主体相对单一，主要以银行、核心企业、物流企业和融资企业为主。银行在其中占据主导地位，主要通过与核心企业建立合作关系，为供应链上的企业提供融资服务。银行依据核心企业的信用状况以及供应链上企业与核心企业的业务往来情况，评估融资风险。这种相对单一的参与结构，

在一定程度上限制了供应链金融的服务范围。由于银行审核标准严格，许多中小企业因达不到要求难以获得融资。同时，单一的参与结构也限制了创新能力，难以快速适应市场变化和企业多样化的融资需求。

二、授信条件的不同

（一）数字化供应链金融的灵活授信

数字化供应链金融以数据为主导，同时兼顾资产抵押等因素。通过对企业多维度数据的综合分析，能够更全面、准确地评估企业的信用状况和还款能力，从而为企业提供更为灵活的授信条件。对于一些在数据表现上良好，如交易流水稳定、客户评价高，但资产规模较小的中小企业，也能够获得相应的融资支持。例如，某互联网金融平台通过分析一家小型软件企业在平台上的业务合作数据、用户反馈数据等，认为其具有良好的发展潜力和还款能力，为其提供了无抵押的小额贷款，帮助企业拓展业务。

（二）传统供应链金融的严格限制

传统供应链金融则主要依赖抵押或者担保。银行在选择投资标的时，倾向于资本规模大、还款能力强且信用评估良好的大型企业。中小企业由于资信状况较差，财务制度不健全，风险控制能力有限，资产规模小，缺乏足够的可质押资产，在传统授信条件下很难获得银行贷款。即使有国家政策扶持，较高的信用风险识别成本仍导致银企之间存在明显的信用隔阂。银行难以准确评估中小企业的真实风险，中小企业也难以满足银行的严格要求，阻碍了中小企业的融资进程。

三、融资效率的对比

（一）数字化供应链金融的高效融资

数字化供应链金融实现了线上人工智能自助服务，融资流程高度自动化。企业从申请贷款到获得资金的时间大幅缩短，能够快速满足企业的资金需求，部分平台能够实现秒级审核、秒级放款，极大地提高了融资效率。例如，某互联网金融平台利用人工智能技术，构建智能风控模型，对企业贷款申请进行实时审核。企业只需在平台上提交相关资料，系统便可通过预设算法快速分析企业经营数据、信用状况等，实现快速放款，满足了企业对资金的紧急需求。

（二）传统供应链金融的流程烦琐

传统供应链金融既有线下业务，也有线上业务，但整体流程相对烦琐。其人工审核环节较多，从企业提交申请资料开始，银行需要对企业的财务报表、抵押物价值、经营状况等进行详细审核，过程中还可能需要企业补充各种资料。这导致融资周期较长，无法及时满足企业尤其是中小企业对资金的快速需求。在传统模式下，企业从申请贷款到最终获得资金，平均需要 1 ～ 3 个月时间，在市场变化迅速的今天，这可能使企业错失发展机遇。

四、融资额度、费用与频率的差别

（一）数字化供应链金融的适配模式

据统计，数字化供应链金融单次融资额度相对较小，但其融资频率高。这与中小企业资金需求规模小、频率高的特点相契合。同时，由于其运作成本相对较低，总体融资费用也较低。例如，某互联网金融平台为中小企业提供的单次融资额度一般在 10 万～ 100 万元，融资频率可达每月 1 ～ 2 次，综合融资成本在年化 8% ～ 12%。中小企业在日常经营中，可能因采购原材料、支付短期租金等产生小额资金需求，互联网供应链金融能够及时满足这些需求，且成本相对较低，不会给企业带来过重负担。

（二）传统供应链金融的大额低频

传统供应链金融单次融资额度较大，但融资频率较低。由于其涉及较多的人工审核和风险评估环节，沉没成本较多，导致总体融资费用相对较高。银行对大型企业的单次融资额度可达数千万元甚至更高，但融资周期一般较长，且融资费用较高，年化利率在 10% ～ 15%。这种模式更适合大型企业进行大规模项目投资等资金需求，但对于中小企业频繁的小额资金需求则难以满足，且高额的融资成本也超出了中小企业的承受能力。

五、营销模式与风险管控的不同

（一）数字化供应链金融的线上营销与风险控制

数字化供应链金融以线上营销为主，通过大数据分析精准定位目标客户，为其推送个性化的金融产品和服务。平台根据用户的浏览记录、搜索行为、交易历史等数据，分析用户需求，为用户推荐最适合的融资产品。同时，借助实时数据监控，能够对融资风险进行实时预警。例如，通过监测企业的交易数据变化、资金流动异常等情况，及时发现潜在风险，并采取风险应对措施，如提前催收、调整授信额度等。但由于其参与主体复杂，涉及众多互联网平台、中小企业等，数据安全等问题突出，风险控制难度相对较大。一旦出现数据泄露等问题，可能引发严重的风险事件。

（二）传统供应链金融的核心企业导向与风险控制

传统供应链金融以核心企业为中心进行营销，主要通过与核心企业的合作，拓展供应链上下游企业的融资业务。银行依托核心企业的信用和影响力，向其上下游企业推广融资产品。其风险预警难度较大，主要依赖人工经验进行风险评估和控制。银行工作人员通过审查企业的财务报表、实地考察企业经营状况等方式评估风险。这种方式虽然风险控制难度相对较低，但效率也较低，难以快速适应市场变化，且对工作人员的专业能力和经验要求较高。

六、对中小企业融资的影响

（一）数字化供应链金融的助力

数字化供应链金融的出现，使中小企业成为最大、最直接的受益者。数字化供应链金融通过第三方支付进行信息归集分析，将单项不可控风险转化为可控的供应链整体风险。处于中间位置的互联网平台连接各环节，累计交易流水数据，金融机构通过对数据的管理分析为中小企业提供贷款融资。统一风险控制标准的逐渐形成，信息化集中业务处理和审批流程的简化，很大程度上消除了银企之间的隔阂，解决了信息不对称问题，降低了信息处理成本，有力推动了中小企业的发展。许多中小企业通过数字化供应链金融获得资金支持，得以扩大生产规模、改进技术、拓展市场，实现了快速发展。

（二）传统供应链金融的制约

在传统供应链金融模式下，中小企业由于自身条件限制，很难从银行获得足够的融资支持。即使在国家政策扶持下，融资难度依然较大，严重制约了中小企业的发展。中小企业因缺乏抵押物、财务不规范等问题，难以满足银行严格的贷款要求。而数字化供应链金融模式的出现，为中小企业融资开辟了新的渠道，为其发展注入了强大动力，改变了中小企业在供应链金融领域的被动局面，促进了中小企业在市场中的竞争力提升。

第二节　数字化供应链金融模式与传统供应链金融模式

一、数字化供应链金融模式

（一）电商平台主导模式

1. 模式概述

在数字化技术的推动下，电商平台将买卖双方的所有交易活动实现了电子化。随着业务的不断拓展与深化，电商企业为提升自身管理能力和市场竞争力，凭借所掌握的海量信息，逐步构建起完善的供应链体系。在此基础上，电商企业搭建数字化供应链金融平台，充分发挥其在商流、信息流、物流等方面的独特优势，为供应链上的企业提供担保服务，或者利用自有资金直接为企业提供融资支持，并通过这些金融服务获取收益。

2. 模式特点

（1）信息整合存在优势。电商平台的交易属性使其能够便捷、快速地获取并整合供应链内部的交易信息和资金流信息。这些核心信息的掌握成为电商平台切入供应链金融领域的最大优势。通过对交易数据的实时监控与分析，电商平台能够深入了解供应链上企业的经营状况和资金需求，为精准提供金融服务奠定基础。

（2）数据价值挖掘方面存在优势。电商平台具有较强的科技和信息化属性，在交易数据的价值挖掘方面相较于传统企业具有显著优势。电商平台在长期运营过程中积累了大量真实的交易数据，通过持续对这些交易行为数据进行积累和深度挖掘，能够分析、归纳出借款人的经营特点与信用特征。借助云计算和大数据相关技术，电商平台能够实现合理的风险定价和有效的风险控制，为金融服务的安全性和稳定性提供保障。

3. 模式实践

电商平台虽能够开展供应链金融服务，但由于无法获得政策银行贷款牌照，通常通过申请小额贷款资格，利用平台积累的大量企业交易行为和交易数据，运用自有资金为企业提供融资服务。

（1）业务特点。电商主导的数字化供应链金融模式具有诸多特点。其一，能够很好地适应中小企业融资“短小频急”的需求特点。中小企业资金需求规模相对较小、期限较短、频率较高且需求急迫，电商平台凭借其高效的线上流程和快速的审批机制，能够及时满足企业的资金需求。其二，电商平台积累了丰富的客户信用和风险信息资源，能够提供从信息安全管理、运行模式到支付体系都较为完备的服务。基于供应商在支付、物流等环节产生的交易数据信息，电商平台为企业提供抵押担保，降低了金融服务的风险。其三，盈利来源广泛，除利息收入外，还包括佣金、管理费等。其四，电商平台的风险监管基于自身平台所积累的数据和技术，能够实现对融资企业的实时监控和风险预警。

（2）风险控制措施。企业商户在电商平台的注册交易信息被作为信用评价的重要标准之一，这一渠道有效降低了信息不对称风险和信息获取成本。在贷后管理阶段，电商平台通过对企业还款情况的实时监控，及时发现潜在风险，采取相应措施控制违约风险。电商模式形成了自身独特的风险控制标准，即利用数据模型方法对客户信用进行全面分析，并将海关、货运等第三方信息纳入信用评价内容，进一步提高了信用评价的准确性和可靠性。

（3）面临的挑战。一方面，其无法为中小企业发放大额贷款，这在一定程度上限制了服务范围；另一方面，除一些大型电商平台外，部分电商平台可能面临放贷资金不足的问题。此外，电商平台在获取企业的金融信息资源方面也存在一定困难，部分贷款项目受限于固定地区，同时还面临较重的税收负担，这些因素都对电商平台主导的数字化供应链金融业务发展产生了一定影响。

（二）核心企业主导模式

1. 模式概述

核心企业在供应链中占据主导地位，其发展状况对整个供应链的稳定和发展具有重要影响。为了促进与之相关的上下游企业以及整个供应链的协同发展，核心企业充分利用自身多年积累的丰富客户资源和对上下游企业经营信息的深入了解，通过设立保理公司、融资租赁公司、小额贷款公司等互联网供应链公司，为上下游企业提供便捷、高效的在线融资服务。核心企业凭借对产业链的深入理解和掌控能力，能够精准把握上下游企业的融资需求，为中小企业提供定制化的金融解决方案。

2. 模式特点

（1）存在信息优势，服务精准度高。核心企业通过长期深耕产业链，积累了大量的行业经验以及真实的交易关系数据。由于信息不对称程度相对较低，核心企业在开展供应链金融服务时，能够更加精准地了解上下游企业的经营状况和融资需求，从而在服务的精准度、效率方面表现得更为出色，同时有效降低了服务成本。

（2）风险控制能力较强。凭借多年在行业内的积累和丰富的资源，核心企业对上下游企业的经营状况有着全面、深入的了解。这使得核心企业在开展供应链金融业务初期，就有能力降低风险定价和风险控制成本。在业务开展过程中，核心企业能够根据对企业的了解提前识别潜在风险，并采取相应的风险防范措施，保障金融服务的安全稳健运行。

（3）资金来源多元化。在资金方面，当核心企业自身资金受限的情况下，其凭借在行业内的影响力和良好信誉，能够吸引多元化的资金来源，为供应链金融业务的持续开展提供充足的资金支持。通过整合多方资金资源，核心企业能够更好地满足上下游企业不同规模、不同期限的融资需求，实现供应链金融业务的规模化发展。同时，在稳固自身产业链的基础上，与上下游中小企业实现互利共赢，促进整个供应链生态系统的协同发展与繁荣。

二、传统供应链金融模式

（一）预付账款融资模式

1. 参与主体及核心机制

预付账款融资模式主要聚焦于企业的采购阶段，该模式涉及供应链上游供应商、下游中小企业、银行和物流企业四方主体。在实际商业环境中，中小企业由于自身规模和财务状况等因素限制，仅凭借自身实力很难从银行获得足够的贷款。例如，一些小型制造企业的年营业额有限，资产规模较小，财务报表不够完善，信用评级较低，银行基于风险考量，给予其贷款额度往往不大。因此，在此模式下，核心企业承诺对物资进行回购成为中小企业获得贷款的重要基础。下游中小企业以自身能够控制的提货权作为抵押物向银行申请融资。在此过程中，物流企业承担着对抵押物进行评估和监督的关键职责。物流企业凭借专业的仓储管理能力和货物评估经验，对抵押物的质量、数量等进行严格把控。如大型物流企业拥有标准化的仓库管理流程，能准确记录货物出入库信息，实时监控货物状态，为银行提供可靠的抵押物监管服务，确保抵押物的安全与价值。

2. 对中小企业的价值及风险控制效果

对于中小企业而言，传统供应链金融模式有效解决了其因需一次性支付大额应付账款而带来的巨大资金压力。例如，某服装制造中小企业在采购面料时，若需一次性支付数百万元的货款，这对其资金流是极大的考验。借助银行提供的资金支持，中小企业得以实现批量付款，并通过分期提货的方式合理安排资金使用。这使得企业在采购环节的资金运用更加灵活，不会因资金紧张而错过采购时机。同时，货物存储于银行指定的仓库，这一举措极大地增强了对货物的监管力度。银行通过与专业物流企业合作，实时掌握货物动态，确保货物不会被随意挪用或处置。例如，物流企业安装先进的监控设备，对仓库货物进行 24 小时监控，定期盘点货物，一旦发现异常及时向银行报告，在一定程度上显著降低了信贷风险发生的概率。

3. 业务流程

在开展预付账款融资业务时，中小企业在与上游供应商签订采购合同后，向银行提出预付账款融资申请，并将提货权质押给银行。中小企业在这个阶段，需向银行提供详细的采购合同，包括货物规格、价格、交货时间等关键信息，以及自身的财务报表、经营状况等资料，以证明融资需求的合理性和自身还款能力。银行对中小企业的资质、采购合同以及核心企业的回购承诺等进行审核评估。银行运用专业的风险评估体系，对中小企业的信用状况、经营稳定性进行分析，同时审查采购合同的真实性与合法性，以及核心企业的回购能力和信誉。审核通过后，银行按照约定向供应商支付货款，供应商收到货款后按照银行指令将货物发送至银行指定的物流企业仓库。供应商在接到银行付款通知后，严格按照合同约定的货物标准和数量发货，并及时将发货信息反馈给银行和中小企业。物流企业对货物进行验收、监管，并向银行反馈货物情况。物流企业依据专业的验收标准，对货物的质量、数量、包装等进行细致检查，通过信息化系统实时向银行传递货物存储和管理信息。中小企业按照与银行的约定，分期向银行偿还贷款及利息，银行在收到还款后，向物流企业发出相应的提货指令，中小企业凭指令提取货物。中小企业在还款过程中，需严格遵守还款计划，按时足额还款，银行在确认还款后，及时通知物流企业放行货物，确保中小企业生产经营活动的正常进行。

（二）存货抵押融资模式

1. 基本运作方式

存货抵押融资模式是指企业将自身持有的存货，包括原材料和成品，抵押给银行等金融机构以获取融资。在此过程中，核心企业为中小企业提供担保，物流企业负责对抵押货物进行监督和存储管理。存货作为动产中流动性相对较低的资产，常常会占用企业大量资金，导致资金周转不畅。例如，一家小型电子产品制造企业，其仓库中囤积了大量的电子零部件和未售出的成品。这些存货占用了企业大量的资金，使得企业在原材料采购、设备更新等方面缺乏资金支持。通过存货抵押融资方式，企业得以盘活这部分资产，加快资金周转速度，有效避免了因存货积压而陷入资金困境的局面。企业将存货抵押给银行后，银行根据存货的评估价值为企业提供相应额度的贷款。企业可以利用这笔贷款进行原材料采购、支付员工工资等经营活动，使资金重新流动起来，提高了资金的使用效率。物流企业凭借专业的仓储管理能力，对抵押货物进行妥善存储，建立完善的货物出入库登记系统，确保货物数量和质量的准确记录，为银行提供可靠的抵押物监管服务。

2. 风险控制措施及核心企业的作用

出于风险控制的目的，银行通常会选择让一些规模较大、信誉良好的供应链核心企业为中小企业提供担保。供应链上的核心企业往往具有稳定的经营业绩、雄厚的资金实力和良好的市场信誉，一旦中小企业出现无法按时偿还借款的情况，提供担保的核心企业将代替中小企业履行还款义务，或者回购抵押的存货物资，从而降低银行面临的信贷风险。核心企业之所以愿意为中小企业担保，一方面是因为其与中小企业存在长期稳定的合作关系，中小企业的稳定发展有助于保障核心企业供应链的顺畅运行；另一方面，核心企业对中小企业的经营状况和存货情况有较为深入的了解，能够合理评估担保风险。银行在选择核心企业作为担保方时，会对核心企业的财务状况、市场地位、商业信誉等进行全面考察，确保其具备足够的担保能力。同时，银行也会与核心企业签订详细的担保协议，明确双方的权利和义务，以最大限度地降低信贷风险。

3. 业务流程

在开展存货抵押融资业务时，中小企业将其存货作为抵押物向银行提出融资申请，并与银行签订相关抵押合同。在这一阶段，中小企业需要向银行提供详细的存货清单，包括存货的种类、数量、质量、购置成本等信息，同时提交自身的财务报表、经营许可证等资质证明文件，以证明自身的还款能力和融资需求的合理性。银行对中小企业的存货价值、企业资质以及核心企业的担保能力等进行评估审核。银行会聘请专业的评估机构对存货进行价值评估，考虑存货的市场价格波动、损耗情况等因素，确定合理的抵押率。同时，对中小企业的经营状况、信用记录进行审查，评估其还款风险。审核通过后，银行与中小企业、物流企业以及核心企业共同签订监管协议，物流企业按照协议要求对抵押物进行接收、存储和监管，并定期向银行汇报货物状况。物流企业会建立专门的监管台账，记录货物的出入库情况、库存数量变化等信息，通过信息化系统实时向银行反馈。银行根据评估结果向中小企业发放贷款。中小企业在贷款期限内按照约定偿还贷款本息，贷款结清后，银行解除对抵押物的抵押监管，中小企业取回存货；若中小企业未能按时还款，核心企业按照担保协议履行担保责任，银行有权处置抵押物以收回贷款。银行会按照市场流程对抵押物进行拍卖等处置操作，以最大限度地减少损失。

（三）应收账款融资模式

1. 应用场景及风险控制基础

应收账款融资模式通常应用于企业的销售阶段。在商业活动中，中小企业在完成货物销售或服务提供后，常面临账款回收周期长的问题。例如，一家为大型电子设备制造商供货的中小企业，在交付大量零部件后，按照合同约定，大型制造商可能有 3 ～ 6 个月的账期。在这期间，中小企业的部分资金被占用，会影响其后续原材料采购、生产运营等环节。在此情形下，应收账款融资模式应运而生。在这种模式下，供应链核心企业扮演着担保者的重要角色，一旦融资企业出现违约或者无力偿还贷款的情况，核心企业将代替融资企业向银行偿还债务。中小企业与核心企业在长期稳定的贸易往来过程中，建立了良好的合作关系。核心企业因其规模较大、经营稳定、信誉良好，在市场中具有较高的信用评级。银行基于核心企业的信用状况以及中小企业与核心企业之间真实的贸易往来数据，评估中小企业的还款能力。银行会详细审查双方过往交易记录，包括交易频率、金额、货物质量反馈等，以此判断应收账款的真实性与可回收性，从而决定是否为其提供融资服务。

2. 业务流程

中小企业与核心企业完成货物或服务交易后，形成应收账款。中小企业在这一阶段，需整理好与核心企业交易的相关凭证，如销售合同、发货单、验收报告等，这些材料将作为后续融资申请的重要依据。随后，中小企业向银行提出应收账款融资申请，并将应收账款债权转让给银行。在提交申请时，中小企业需向银行提供完整的应收账款明细，包括账款金额、账期、付款方信息等。银行对应收账款的真实性、账期、核心企业的信用状况以及中小企业的经营情况等进行调查审核。银行会通过多种方式核实应收账款真实性，如与核心企业直接联系确认交易细节，审查中小企业的财务报表了解其经营稳定性。对于账期，银行会评估其合理性，判断是否符合行业惯例。审核通过后，银行与中小企业签订融资合同，按照应收账款的一定比例向中小企业发放贷款。这个比例通常根据应收账款质量、核心企业信用等级等因素确定，一般为 70% ～ 90%。银行向核心企业发送应收账款转让通知，核心企业确认后，在应收账款到期时将款项支付至银行指定账户。核心企业收到通知后，会核对相关信息，确认无误后，在账款到期日履行支付义务。若核心企业未按时支付款项，银行有权向中小企业进行追索，要求其偿还剩余贷款本息。银行会依据融资合同条款，启动追索程序，中小企业则需按照约定偿还剩余款项，以保障银行权益。

第三节　数字化供应链金融模式的优势

一、覆盖面广

（一）突破传统融资模式限制，惠及更多中小企业

1. 传统融资模式对中小企业的制约

在传统的融资模式里，以资产抵押或质押为核心的融资模式占据主导。中小企业由于自身发展阶段特性，普遍存在资产质量欠佳、财务制度不完善等问题。多数中小企业固定资产规模有限，可用于抵押的优质资产稀缺。相关统计显示，在传统融资模式下，约 70% 的中小企业因无法提供足额抵押资产，难以从商业银行等主流金融机构获取充分融资支持。以某地一家小型服装制造企业为例，该企业运营良好，但厂房为租赁形式，缺乏自有不动产用于抵押，在申请银行贷款时，多次因抵押资产不足而未获通过，发展资金受限，无法扩大生产规

模，错失多个大型订单机会，严重制约了企业发展。

2. 数字化供应链金融的革新

数字化供应链金融模式借助先进技术，以“数据”作为核心驱动力。它不再单纯依赖企业质押物的价值，而是深入挖掘交易、资金、行为等多维度数据。通过对中小企业日常交易数据的分析，可洞察其业务往来活跃度、合作伙伴稳定性等；资金流转数据能反映企业资金回笼速度、资金使用效率；行为数据可以体现企业管理规范程度、市场应变能力等。综合这些数据，能够更加全面、精准地评估企业经营状况和信用水平。例如，某电商平台依托大数据分析技术，为平台上众多中小商户提供无抵押小额贷款服务。平台通过分析商户在平台上的交易流水、客户评价、退换货频率等数据，构建信用评估模型。众多中小商户在获得融资后，业务规模平均增长 30% ～ 50%。例如，一家主营手工饰品的小商家在获得平台融资后，有资金采购更多优质原材料，进而得以丰富产品种类、拓宽销售渠道，销售额在半年内增长了 40%，实现了快速发展。

（二）多元参与方推动融资模式创新

1. 参与方多元化格局形成

随着数字化进程推进，供应链融资环节参与方日益多元。除传统的商业银行、核心企业、物流企业、融资企业外，电商平台、融资租赁公司、担保公司等纷纷涉足。电商平台凭借庞大用户基础和海量交易数据，为供应链金融提供丰富信息源与业务场景；融资租赁公司以灵活的租赁服务，拓宽中小企业资金渠道；担保公司通过专业担保服务，降低金融机构风险。例如，在某农产品供应链中，电商平台整合农户、经销商、加工企业交易信息，融资租赁公司为农户提供季节性设备，担保公司为中小企业融资提供担保，形成多方协同的融资生态。

2. 创新融资模式满足个性化需求

这种多元化参与格局促使众多创新融资模式涌现。电商平台基于交易数据推出订单融资模式，企业凭借未执行订单即可申请融资，缓解资金压力；在应收账款融资模式下，企业可将应收账款转让获取资金，加速资金回笼。大量中小企业的资金需求呈现周期短、频率高、规模小、需求量大等特点，而数字化金融融资资金来源丰富、审核快、产品期限短、运作灵活，与之高度契合。如某互联网金融平台针对中小企业季节性资金需求，推出 3 ～ 6 个月短期融资产品，从申请到放款仅需 3 个工作日。在服装行业旺季来临前，众多中小服装企业通过该产品快速获得资金采购原材料，及时满足了市场需求，实现业务增长。

二、融资效率高

（一）信息技术助力业务环节自动化

1. 技术融合降低交易成本

互联网时代，信息获取高效、快捷。互联网与大数据处理技术深度融合，推动部分供应链金融业务环节标准化、自动化。斯坦福管理工程学院 *Financial Flows&Supply Chain Efficiency* 报告指出，自动化、智能化的信贷模式可显著降低融资交易成本。在传统融资模式下，企业申请贷款需经过烦琐手续与大量人工审核环节。企业需准备众多纸质材料，多次往返银行等金融机构，且人工审核耗时久，从申请到获得资金平均耗时 1 ～ 3 个月，交易成本占融资金额 10% ～ 15%。数字化供应链金融模式下，借助自动化流程，企业在线提交资料，系统自动审核，这一周期可缩短至 1 ～ 2 周，交易成本降低至 5% ～ 8%。以某电子元器件制造企业为例，以往申请贷款需耗费大量人力、物力整理财务报表、资产证明等资料，如今通过数字化平台申请，系统快速抓取企业财务数据、交易信息等，自动审核，大大节省时间与成本。

2. 提高处理速度与供应链效率

数字化供应链金融模式大幅提高了融资处理速度，有效缩短应收账款周转期，提高供应链整体运作效率与信息透明度。以某大型汽车制造企业为例，引入数字化供应链金融解决方案前，其应收账款周转期平均为 60 天，资金回笼慢，一定程度上影响了企业资金运作与生产投入。引入后，通过对供应链上下游交易数据实时监控与分析，优化付款流程，应收账款周转期缩短至 30 天，资金回笼加快，企业可将更多资金投入研发与生产，推出新车型，拓展市场份额，推动业务快速扩张。

（二）线上智能处理实现快速融资

1. 智能审核实现秒级放款

数字化供应链金融借助线上人工智能处理方式，实现对企业秒级审核、秒级放款。企业在相关平台提交必要资料，系统通过预设算法和模型，快速分析企业经营数据、信用状况等，无须人工干预即可完成审核并放款。例如，某互联网金融平台利用人工智能技术构建智能风控模型，对企业贷款申请实时审核，90%以上贷款申请可在 1 分钟内完成审核放款，一家小型软件研发企业急需资金购买研发设备，在该平台提交申请后，迅速获得融资，保障了项目按时推进，避免因资金短缺导致项目延误。

2. 大数据技术消除信息不对称

大数据技术应用有效减少信息不对称问题。在传统融资模式下，金融机构与企业信息不透明，金融机构难以及时、准确了解企业真实融资需求，企业也难以知晓合适金融产品与服务，导致供求双方匹配困难，存在资源浪费、效率低下等问题。在数字化供应链金融模式下，大数据技术整合各方信息，金融机构能够通过分析行业企业特点、经营规模、信用评级等因素，为企业精准推荐融资产品。例如，一家小型餐饮企业想要融资，通过大数据平台，金融机构了解其经营状况、客流量、口碑等信息，为其推荐合适的小额贷款产品，企业快速获得资金用于店面装修与菜品研发，提升了竞争力，实现融资成功率与效率双提升。

三、数据资源丰富

（一）数字化时代实现了数据积累与价值挖掘

1. 数据积累的广泛与持续

在当今社会，互联网已全方位渗透人们生活的各个角落。日常便利店的支付行为，消费者通过扫码或移动支付完成交易，支付时间、金额、所购商品种类等信息都会被便利店的收银系统以及支付平台记录。在手机话费充值时，运营商会记录充值时间、金额、充值渠道等数据。网上购物更是如此，消费者浏览商品的记录、加购行为、最终购买的商品详情、收货地址、支付方式等一系列信息，都被电商平台完整留存。这些分散在不同机构的碎片化信息，随着时间推移，不断汇聚。它们会从最初的无序状态，逐渐整合为每个人独特的数据集合，并存储于“云端”服务器。据专业数据统计机构的报告，全球互联网用户每天产生的数据量高达数万亿字节，并且这一数据量仍在以每年 30% ～ 40% 的惊人速度持续增长。例如，在 2024 年，全球社交媒体平台上用户每天发布的图片、视频、文字等内容所产生的数据量，就超过了过去 10 年的总和。

2. 数据挖掘的价值体现

利用大数据技术对这些海量数据进行深度分析和挖掘，能够精准洞察消费者的生活习惯、消费偏好、行为模式等关键信息。通过分析消费者在电商平台的购物历史，可了解其购买频率、偏好的品牌和商品类别、消费时段等。如某消费者经常在晚上 9 ～ 11 点购买零食，且偏好某几个特定品牌，电商平台就可据此精准推送相关零食促销信息。通过分析消费者的出行数据，可了解其出行方式、常去地点等，为相关企业提供市场洞察。以某知名电商平台为例，通过对消费者购物数据的深度挖掘，平台能够精准把握消费者需求。该平台利用算法分析消费者浏览、购买、收藏等行为，构建消费者兴趣模型，为消费者推荐个性化商品。数据显示，通过这种个性化推荐，用户购买转化率提高了 20% ～ 30%，销售额增长了 30% ～ 50%。许多用户原本只是随意浏览，因平台精准推荐而产生购买行为，极大提升了平台的商业价值。

（二）数据助力供应链金融精准服务

1. 数据资源的深度与广度差异

在数字化时代，互联网企业凭借其业务特性，积累了海量的数据资源，但其中大部分数据尚未得到充分挖掘和利用。随着大数据技术的日益成熟，这些看似杂乱无章、暂时无效的数据正逐步转化为强大的生产资源。传统金融机构长期以来所积累的用户数据主要聚焦于资金层面，如用户的存款金额、贷款记录、还款情况等。而互联网金融机构和电商企业获取的则是涵盖用户全方位行为的数据，包括用户的浏览习惯、社交互动、消费决策过程等。通过对这些多维度数据的深入挖掘和处理，不仅能够洞察用户的个人习惯、性格特点、偏好等，甚至可以借助机器学习算法对用户未来的行为进行预测。例如，通过分析用户在社交平台分享的内容以及在电商平台的购物决策时间、对比商品的行为等，可预测用户是否有购买大件商品的意向，以及可能的购买时间。

2. 数据在供应链金融的应用

在供应链金融领域，凭借这些丰富的数据资源，能够轻松为企业建立精确的用户画像。通过对企业交易数据的分析，可了解企业的交易对手稳定性、交易频率、交易金额波动等；财务数据能反映企业的盈利能力、偿债能力、资金流动性等；经营数据体现企业的生产能力、市场份额变化、库存管理水平等。综合多维度分析，能够准确评估企业的信用状况。例如，金融机构根据企业的用户画像，能够合理确定融资额度、利率和还款期限。对于经营稳定、交易数据良好的企业，可适当提高融资额度、降低利率；对于处于发展初期、风险稍高的企业，会谨慎确定融资条件。例如，某金融机构通过基于数据的精准信用评级，将中小企业贷款违约率降低了 15% ～ 20%。该金融机构利用大数据构建信用评估模型，综合考虑企业多方面数据，改变了以往仅依靠财务报表和抵押物的评估方式，有效识别风险，提高了金融服务的安全性和精准性。

第四节　数字化供应链金融的资金来源

一、商业银行

（一）主导地位与现状

在数字化供应链金融体系中，商业银行是资金的主要来源。商业银行凭借其雄厚的资金实力和广泛的金融网络，成为最早切入该领域且业务量最大的参与主体。在数字化供应链金融发展进程中，商业银行发挥着不可替代的重要作用。

众多产业链内核心企业、物流型核心企业、电商平台型核心企业等，纷纷借助对接商业银行资金，踏入数字化供应链金融领域。以京东为例，它凭借自身庞大的电商平台优势，与多家商业银行合作，将供应链上的供应商、物流企业等相关主体与银行资金有效对接，为供应商提供融资服务，促进了供应链的高效运转。

（二）面临的挑战

商业银行每年的贷款额度受其自身资金储备、监管政策等多方面因素影响，额度有限，并且供应链上核心企业的信用优势无法无限制延伸。从风险管控角度出发，银行基于对整体金融风险的把控，给予核心企业的授信额度同样受限。例如，某大型制造企业作为供应链核心企业，虽然经营状况良好，但银行考虑到行业风险以及自身信贷结构等因素，不会无节制地给予其过高授信额度。这就导致核心企业借助对接商业银行资金开展数字化供应链金融业务时，发展空间受到制约。

（三）创新举措

1. 数据整合与风险缓解

结合数字化供应链金融中物流企业、上下游企业以及相关机构的数据库和技术手段，全力破除原有的产业数据壁垒。通过这种方式，最大限度地降低信息不对称带来的负面影响，有效缓解信贷配置不科学的问题。银行可以通过与物流企业合作，获取货物从生产地到销售地的全程运输轨迹数据，能判断企业货物周转效率；整合上下游企业交易数据，了解交易频率、金额等，综合这些信息，银行可以更精准地评估企业还款能力，将有限的信贷资源投放给真正有需求且风险可控的企业。

2. 电商平台建设

部分银行开始建设自身的电商平台，期望通过平台引流，跟踪企业在电商平台中的贸易交易数据和行为。但在建设过程中，由于缺乏专业人才和行业经验，相较于专业电商平台，在业务辐射能力和操作灵活性方面存在不足。例如，部分银行电商平台在商品种类丰富度、用户体验优化等方面，难以与成熟电商平台竞争，影响了数据收集的广度和深度。专业电商平台经过多年发展，拥有庞大的商品数据库和专业的运营团队，能够快速响应用户需求，不断优化商品展示、搜索等功能。而银行电商平台在建设初期，往往在商品种类上较为单一，页面设计不够人性化，导致用户活跃度不高，无法像专业电商平台那样收集到全面且有价值的企业贸易数据。

3. 云服务应用与数据整合

部分银行开始向上下游中小企业提供免费的云服务。中小企业利用银行的云服务系统进行企业管理，在此过程中生成的数据被银行整合。银行借此将各产业数据汇总分析，实现从传统业务模式向数字化供应链金融服务转型。例如，银行通过云服务获取中小企业的采购、销售、库存等数据，为企业提供更精准的融资方案和金融服务。中小企业在使用云服务系统进行采购管理时，采购的时间、金额、供应商等信息都会被记录，银行整合这些数据，结合企业销售数据和库存数据，能准确评估企业资金需求，为其量身定制融资产品，提高金融服务的针对性和有效性。

二、融资租赁公司

融资租赁公司在数字化供应链金融领域扮演着重要角色，能够分别介入融通仓和保兑仓融资模式，为企业提供融资服务。在融通仓模式中，企业将存货等动产质押给融资租赁公司，融资租赁公司通过评估货物价值，为企业提供资金支持，企业可继续使用这些货物进行生产经营，而货物则由专业的第三方物流监管。在保兑仓模式下，融资租赁公司与供应商、融资企业以及银行等多方合作，在融资企业支付一定保证金后，融资租赁公司向供应商支付货款，供应商按约定将货物发送至指定仓库并由监管方监管，融资企业分批向融资租赁公司还款提货。

直接租赁和售后回租作为数字化供应链金融的重要对接模式，正逐渐成为关键的资金渠道入口。对于产业链上的中小企业而言，直接租赁实质上是以分期付款形式购进标的物。例如，一家小型服装制造企业需要购置一批新型的生产设备，但一次性支付设备款项存在资金压力，通过直接租赁模式，融资租赁公司购买设备并出租给该企业，企业在租赁期内分期支付租金，待租赁期满，企业可根据合同约定选择购买设备所有权。对于融资租赁公司来说，其本质是一种定向贷款，通过收取租金获取收益。售后回租则类似于抵押贷款，企业将自有资产出售给融资租赁公司，然后再从融资租赁公司租回资产继续使用，从而盘活企业资产，获得流动资金。以顺丰速运为例，顺丰通过售后回租模式，将部分物流设备出售给融资租赁公司并租回使用，有效缓解了企业流动资金压力，同时不影响其业务的正常开展。广联达作为建筑行业数字化解决方案提供商，通过融资租赁模式获取先进的研发设备，加速技术创新，提升企业竞争力。不少企业在其产业升级过程中，利用融资租赁盘活了部分闲置资产，优化了资产结构，为企业发展注入新动力。

第五节　数字化供应链金融的风险来源与应对策略

一、风险来源

（一）技术层面风险

1. 技术依赖风险

数字化供应链金融高度依赖各类信息技术，如物联网、大数据、云计算、人工智能等。这些技术构成了数字化供应链金融的核心支撑体系，一旦出现故障、漏洞或遭受攻击，整个供应链的运作将陷入混乱。以物联网技术为例，在智能仓储管理中，大量传感器被部署在仓库各个角落，用于实时监测货物的存储环境（温度、湿度等）、库存数量以及货物位置等信息。若物联网设备出现故障，如传感器失灵，企业将无法准确掌握库存状况，可能导致超卖或库存积压，进而影响数字化供应链金融的准确性。而云计算技术在数字化供应链金融中广泛应用于数据存储和处理。若云计算服务提供商出现技术故障，导致企业存储在云端的供应链数据无法正常访问，企业将无法及时获取订单信息、库存数据等关键信息，进而影响生产计划的制订和产品的配送，可能造成生产停滞、交货延迟等问题。例如，某大型电商企业依托云计算平台存储海量的客户订单数据和库存信息。若云服务提供商遭遇严重技术故障，导致该企业数小时甚至数天无法访问这些数据，企业将无法及时处理客户订单，大量订单可能被延误，不仅引发客户不满，还可能导致客户转向其他竞争对手，对企业声誉和市场份额造成严重损害。

2. 技术更新换代风险

信息技术的发展日新月异，数字化供应链金融所采用的技术也需要不断更新换代以保持竞争力。企业在技术更新过程中面临着诸多挑战。一方面，新技术的研发和应用需要投入大量的资金、人力和时间成本。开发新的大数据分析算法可能需要企业组建专业的研发团队，投入数月甚至数年时间，耗费数百万乃至上千万元资金。若企业未能合理规划技术升级路径，可能导致资源浪费，且无法及时享受到新技术带来的优势。例如，某企业盲目跟风引入一项新兴的供应链管理技术，在未充分评估自身业务需求和技术基础的情况下，投入大量资金进行研发和部署。但由于该技术与企业实际业务流程不匹配，最终未能达到预期效果，不仅浪费了大量资金，还延误了企业利用其他更合适技术进行优化的时机。另一方面，技术更新可能与现有系统存在兼容性问题，在整合过程中容易引发系统故障，影响供应链的稳定运行。例如，企业在引入新的物流跟踪系统时，若与原有的库存管理系统不兼容，可能导致数据传输错误，使库存信息不准确，从而影响企业的采购和销售决策。新的物流跟踪系统可能采用了不同的数据格式和接口标准，与原库存管理系统无法顺畅对接，导致库存数据更新不及时或出现错误，企业可能基于错误的库存信息进行采购，造成库存积压或缺货，影响供应链金融的运营效率和经济效益。

3. 网络安全风险

随着数字化程度的加深，数字化供应链金融面临的网络安全威胁日益严峻。网络黑客可能通过攻击企业的信息系统，窃取敏感的供应链数据，如客户信息、订单数据、产品设计图纸等。这些数据的泄露不仅会损害企业的声誉，导致客户流失和经济损失，还会影响供应链金融的安全。客户信息泄露可能使客户面临隐私风险，引发客户对企业的信任危机，大量客户可能因此选择不再与该企业合作。例如，某服装品牌企业遭遇黑客攻击，客户的姓名、联系方式、购买记录等信息被泄露。消息传出后，众多客户对该品牌的信任度大幅下降，销售额在短期内显著下滑。此外，黑客还可能通过植入恶意软件，干扰供应链系统的正常运行，甚至引发供应链中断。例如，2017 年的某次勒索病毒事件，波及全球众多企业，许多企业的生产、物流等供应链环节受到严重影响，部分企业不得不花费大量资金进行系统修复和数据恢复。该病毒通过加密企业文件，要求企业支付赎金才能解锁。一些企业因无法及时恢复数据，生产陷入停滞，物流配送无法正常进行，造成了巨大的经济损失。据统计，此次事件给全球企业带来的经济损失高达数十亿美元，充分凸显了网络安全风险对数字化供应链金融的严重威胁。

（二）供应链结构层面风险

1. 供应链复杂度增加带来的风险

数字化供应链通过整合上下游企业，实现了更广泛的信息共享和协同运作，这使得供应链的结构变得更加复杂，也给数字化供应链金融的应用带来了风险。在传统供应链中，企业间的联系相对简单，信息传递路径较短。而在数字化供应链环境下，供应链中的节点企业数量显著增多，合作关系更加多样化，从单一的买卖关系扩展到包含研发合作、联合营销等多种模式。其信息传递路径变长，涉及多个环节和不同类型的企业系统对接，任何一个环节出现问题都可能在整个供应链中迅速传播和放大。例如，在汽车制造的数字化供应链中，往往涉及众多零部件供应商、物流企业、经销商等。一家大型汽车制造商可能与上千家零部件供应商合作，从发动机、变速器等核心部件供应商，到座椅、内饰等周边配件供应商。若其中一家零部件供应商因生产问题无法按时交付货物，不仅会影响汽车制造商的生产进度，可能导致生产线停工待料，增加生产成本。还可能导致下游经销商无法按时向客户交付车辆，引发客户投诉，影响企业品牌形象。更严重的是，这种连锁反应可能波及整个汽车产业链，影响相关金融机构的贷款回收，以及物流企业的业务量和收入。

2. 合作伙伴风险

数字化供应链依赖与众多合作伙伴的紧密协作，合作伙伴的能力和稳定性对供应链的风险状况有着重要影响。一方面，合作伙伴可能在技术水平、管理能力、质量控制等方面存在差异，若某些合作伙伴无法达到企业的要求，可能会影响整个供应链的绩效。例如，一家电子设备制造商通常会与多家零部件供应商合作生产产品，若其中一家供应商的技术水平落后，无法生产出符合精度要求的零部件，可能导致企业生产出的成品质量缺陷，进而影响企业的市场形象和销售业绩，企业可能面临客户退货、索赔等问题，增加售后成本，降低市场竞争力。另一方面，合作伙伴可能因自身经营不善、财务危机等破产或无法履行合同义务，这将给供应链带来严重冲击。例如，某企业的物流合作伙伴因资金链断裂而停止运营，企业可能需要紧急寻找替代物流商。在短时间内找到合适的物流合作伙伴并非易事，可能导致货物运输延误，影响原材料的供应和成品的交付。同时，紧急更换物流商可能需要支付更高的运输费用，增加企业运营成本。

3. 信息共享风险

信息共享是数字化供应链的关键优势之一，但同时也带来了风险。一方面，企业在与合作伙伴共享信息时，可能面临信息泄露的风险。企业的敏感信息，如产品研发计划、客户名单、成本数据等，若被泄露给竞争对手，将使企业在市场竞争中处于劣势。例如，一家服装企业与面料供应商共享了下一季的服装款式设计和生产计划，若面料供应商的信息安全管理不到位，这些信息被泄露给竞争对手，竞争对手可能提前推出类似款式的服装，抢占市场份额。另一方面，由于供应链各环节企业的信息系统存在差异，信息在共享过程中可能出现数据不一致、信息不完整等问题。例如，不同企业对同一产品的编码规则不同，在信息共享时可能导致数据混淆，影响供应链的协同效率。一家生产企业使用内部产品编码，而其经销商使用行业通用编码，在信息共享时可能出现产品对应错误，导致订单处理失误，库存管理混乱。

（三）数据层面风险

1. 数据质量风险

数字化供应链金融的决策高度依赖数据的准确性和完整性。若数据质量存在问题，如数据错误、缺失、重复等，将导致金融机构和企业作出错误的决策。例如，不准确的销售数据可能使企业制订过高或过低的生产计划。过高的生产计划会造成库存积压，占用大量资金和仓储空间，增加库存管理成本和资金压力，还可能因产品过时导致价值下降；过低的生产计划则可能导致缺货，影响客户满意度，使客户转向竞争对手，损失潜在销售机会。此外，数据的时效性也至关重要，若企业依据过时的数据进行决策，可能无法及时应对市场变化，错过发展机遇或陷入危机。例如，在快速变化的消费电子市场，若企业依据几个月前的销售数据制订生产计划，可能无法满足市场对新型产品的需求，导致产品滞销。

2. 数据隐私风险

在数字化供应链金融中，金融机构和企业会收集、存储和使用大量涉及客户、员工与合作伙伴的隐私数据。随着数据隐私保护法规的日益严格，对金融机构和企业的数据处理行为也提出了严格要求。企业若未能妥善保护这些数据，一旦发生数据泄露事件，将面临巨额罚款和法律诉讼。例如，某电商企业因客户数据泄露事件，根据相关法律法规可能面临高达全球营业额4%的罚款。同时，数据隐私问题也会影响客户对企业的信任度。客户可能担心自己的个人信息被滥用，从而减少在该企业的消费，甚至转向其他注重数据隐私保护的竞争对手。例如，一家金融科技公司发生客户数据泄露后，客户纷纷注销账户，不仅导致该企业业务量大幅下降，企业声誉受到严重损害，还影响了该企业的信用评级，使其在后期的发展中资金来源和额度受限。

3. 数据滥用风险

金融机构和企业在数字化供应链金融中积累了丰富的数据，若不合理使用这些数据，可能出现数据滥用风险。例如，金融机构和企业可能利用大数据分析对客户进行过度营销，侵犯客户的自主选择权，通过分析客户的浏览记录、购买历史等数据，频繁向客户推送大量广告信息，影响客户的正常生活和购物体验。或者在供应链合作伙伴选择中，企业掌握了大量供应商的成本、生产能力等数据，可能以此压低供应商价格，挤压供应商利润空间，破坏供应链的公平竞争环境。这种数据滥用行为不仅会损害客户和合作伙伴的利益，还可能引发社会舆论压力，对企业形象造成负面影响。一家知名企业因数据滥用问题被媒体曝光后，引发公众抵制，企业品牌形象受损，市场份额下降。

（四）外部环境层面风险

1. 政策法规风险

政策法规风险是数字化供应链金融面临的重要外部风险之一。随着金融科技的快速发展，数字化供应链金融业务模式不断创新，而相关政策法规的制定和完善往往存在一定的滞后性。这种滞后可能导致企业在开展业务过程中面临合规风险。例如，在数据隐私保护方面，不同国家和地区对数据收集、存储、使用和跨境传输的规定存在差异。若企业在进行数字化供应链金融业务时，涉及跨国数据交互，却未能及时了解并遵守当地的数据隐私法规，可能面临高额罚款，甚至业务被叫停的风险。

监管政策的变动也会对数字化供应链金融产生重大影响。当监管部门加大对金融行业的监管力度，出台更严格的准入门槛、业务规范和资本要求时，部分数字化供应链金融平台可能因无法满足新的监管标准，而被迫调整业务模式或缩减业务规模。以网络借贷相关监管政策为例，一些不合规的数字化供应链金融借贷平台在政策收紧后，因无法达到监管要求，不得不退出市场，这不仅影响了平台自身的运营，也打乱了供应链上企业的融资计划，进而对企业财务绩效造成负面影响。此外，税收政策的变化同样会影响数字化供应链金融业务的成本和收益，企业需要密切关注政策动态，及时调整财务策略，以应对政策法规风险带来的挑战。

2. 自然灾害风险

自然灾害具有突发性和不可预测性，如地震、洪水、台风等，一旦发生，会对数字化供应链金融造成严重冲击。从供应链的角度来看，自然灾害可能破坏生产设施、交通网络和通信系统，导致供应链中断。例如，一场严重的洪水可能淹没位于低洼地区的生产工厂，使企业无法正常生产产品，原材料和产成品的运输也会受阻。对于依赖该工厂提供原材料或产品的上下游企业而言，生产经营将受到直接影响，订单无法按时完成，销售收入减少，企业利润下滑。

在数字化供应链金融中，资金流与物流、信息流紧密相连。当供应链因自然灾害中断时，企业的应收账款回收周期可能延长，甚至出现坏账风险。同时，企业为了维持运营，可能需要额外投入资金用于恢复生产和重建供应链，这将增加企业的财务成本。而且，自然灾害还可能影响企业的信用评级，使得企业在后续融资过程中面临更高的融资成本和更严格的融资条件，进一步加重企业的财务负担，对企业财务绩效产生长期的不利影响。

3. 市场需求波动风险

市场需求波动是数字化供应链金融外部环境风险的重要组成部分。市场需求受到多种因素的影响，如消费者偏好变化、经济形势波动、新技术的出现等。随着消费者生活水平的提高和消费观念的转变，对产品的品质、功能和个性化需求不断增加。如果企业不能及时捕捉到这些变化，仍然按照原有的生产和供应模式开展业务，生产出的产品可能无法满足市场需求，导致库存积压。例如，在服装行业，时尚潮流变化迅速，若服装企业不能紧跟潮流设计和生产服装，大量库存服装的滞销将占用企业大量资金，增加仓储成本，降低资金周转率，进而影响企业的盈利能力和财务绩效。

宏观经济形势的波动也会对市场需求产生显著影响。在经济繁荣时期，消费者购买力增强，市场需求旺盛，企业销售收入增加，财务状况良好，而在经济衰退时期，消费者购买力下降，市场需求萎缩，企业产品销售困难，销售收入减少，利润下滑。此外，新技术的出现可能会创造新的市场需求，同时也会使部分传统产品或服务失去市场竞争力。例如，智能手机的出现，极大地改变了人们的通信和生活方式，导致传统功能手机市场需求急剧下降，相关生产企业面临巨大的经营压力，财务绩效受到严重影响。数字化供应链金融业务依赖于供应链上企业的良好运营，市场需求波动带来的企业经营风险，会通过供应链传导至金融领域，影响数字化供应链金融的稳定性和安全性。

4. 社会突发事件风险

社会突发事件，如公共卫生事件、社会动荡等，具有发生突然、影响范围广、持续时间长等特点，会导致应收账款回收困难，企业偿债能力下降，金融机构面临的信用风险增加。

同时，社会突发事件还会引发市场恐慌和不确定性增加，导致金融市场动荡，如发生股票市场下跌、利率波动加剧、汇率不稳定等情况，影响企业的融资成本和投资收益。企业原本制订的财务计划可能因市场环境的突然变化而无法实施，需要重新调整资金安排和投资策略。此外，社会突发事件还可能影响企业员工的工作状态和企业的生产效率，进一步对企业的经营业绩和财务绩效产生负面影响。而且在发生社会突发事件期间，企业获取信息的难度加大，数字化供应链金融中的信息不对称问题更加突出，这也会增加金融业务的风险。

二、应对策略

（一）技术层面风险应对策略

1. 加强技术研发与升级

为应对技术层面风险，企业应加大在数字化供应链金融技术研发方面的投入，不断升级系统架构与功能。例如，针对区块链技术在供应链金融中的应用，持续优化智能合约的编写与执行机制，提高合约的稳定性和安全性，减少因代码漏洞引发的资金损失风险。同时，投入资源开发先进的大数据分析模型，提升数据处理和分析能力，使其能够更精准地挖掘数据价值，为风险评估和决策提供有力支持。通过定期对技术系统进行全面的检测和更新，及时修复安全漏洞，降低因技术故障导致业务中断的可能性。

2. 引入成熟技术解决方案

对于技术储备不足的企业，通过外部合作快速获取先进技术能力，具体实施方式包括以下几种。

（1）第三方技术平台接入。选择具备金融监管合规资质、行业经验丰富的金融科技公司作为合作伙伴，直接接入其成熟的数字化供应链金融平台。例如，中小企业可采用软件即服务（Software as a Service，SaaS）模式接入供应链金融云平台，获取包括订单管理、融资申请、风险评估在内的一站式服务，降低自建系统的技术投入与运维成本。平台通常集成光学字符识别（Optical Character Recognition，OCR）技术实现发票自动识别、自然语言处理（Natural Language Processing，NLP）技术解析合同文本，将融资申请审核时间从 3 天缩短至 4 小时。在云计算领域，选择具备金融级安全认证（如等保三级）的云服务商，采用混合云架构部署核心业务系统，敏感数据（如用户账户信息、交易流水）存储于私有云，公共服务（如信息查询、政策公告）部署于公有云，兼顾数据安全与服务效率。例如，某汽车供应链核心企业接入阿里云金融云，通过其分布式数据库系统实现每秒 10 万次的交易处理能力，同时利用云盾安全体系抵御 99% 以上的网络攻击。

（2）专业化风控系统集成。引入第三方人工智能风控系统，实现风险的实时监测与智能预警。该类系统通常基于海量历史数据训练模型，能够识别供应链金融中的欺诈行为（如虚假贸易背景、重复质押）。例如，某物流企业接入京东数科的智能风控系统后，通过分析运输轨迹数据、货物仓储数据与融资申请数据的关联性，将质押物重复融资的识别准确率提升至 95% 以上。

建立外部技术方案评估机制，从技术成熟度、数据兼容性、服务响应速度这三个维度设置评估指标，选择综合得分排名前三的供应商进入合作候选名单，避免因技术方案适配性不足导致的整合风险。

3. 建立技术灾备体系

为应对可能出现的技术灾难，如服务器故障、网络攻击等，企业应建立完善的技术灾备体系。设立异地灾备中心，定期进行数据备份和系统同步，确保在主系统出现故障时，能够快速切换到灾备系统，保障业务的连续性。同时，制订详细的灾备演练计划，定期进行模拟演练，检验灾备系统的有效性和恢复能力，提高企业应对技术风险的应急处理能力。

（二）供应链结构层面风险应对策略

1. 优化供应链合作伙伴选择

在数字化供应链金融中，选择优质的供应链合作伙伴至关重要。企业应建立严格的合作伙伴评估体系，从企业信誉、经营状况、技术实力、财务稳定性等多个维度对潜在合作伙伴进行全面评估。优先选择具有良好信用记录、经营稳健、具备较强技术创新能力的企业作为合作伙伴。例如，在选择供应商时，不仅要考察其产品质量和价格，还要关注其生产能力的稳定性、供应链管理水平以及应对突发事件的能力，降低因合作伙伴问题导致的供应链风险。

2. 构建多元化供应链网络

为减少对单一供应商或客户的依赖，降低供应链结构层面的风险，企业应构建多元化的供应链网络。在原材料采购方面，与多个供应商建立合作关系，确保在某个供应商出现问题时，能够迅速从其他供应商处获取原材料，维持生产的连续性。同时，拓宽销售渠道，开发多个客户群体，避免因个别客户订单减少或流失对企业经营造成重大影响。例如，某制造企业通过与多个地区的原材料供应商合作，并积极开拓国内外不同市场的客户，在面对原材料供应短缺或市场需求波动时，能够有效降低风险，保持企业财务绩效的相对稳定。

3. 加强供应链协同管理

提升供应链协同管理水平是应对供应链结构层面风险的关键。企业应建立高效的信息共享机制，利用数字化技术实现供应链上各环节信息的实时传递和共享，使供应链成员能够及时了解库存、生产进度、订单状态等信息，以便作出准确的决策。通过建立协同决策机制，组织供应链成员共同参与市场预测、生产计划制订等工作，提高供应链的整体响应速度和灵活性。例如，通过供应链协同平台，核心企业可以与上下游企业共享销售数据，上下游企业根据数据调整生产和库存计划，实现供应链的高效运作，降低因信息不对称和决策不协同导致的风险。

（三）数据层面风险应对策略

1. 完善数据管理制度

建立健全数据管理制度是保障数据安全和质量的基础。企业应制定详细的数据采集、存储、使用、共享等方面的规章制度，明确各部门和人员在数据管理工作中的职责和权限。规范数据采集流程，确保采集的数据真实、准确、完整；

建立数据分级分类管理制度，对不同敏感程度的数据采取不同的保护措施；制定数据使用审批流程，严格控制数据的访问和使用权限，防止数据泄露和滥用。

2. 加强数据安全防护

为应对数据泄露、篡改等风险，企业需加强数据安全防护措施。采用先进的数据加密技术，对存储和传输的数据进行加密处理，确保数据在非授权情况下无法被读取和使用。部署入侵检测系统和防火墙等安全设备，实时监测网络攻击行为，防止外部恶意攻击获取数据。同时，定期对数据安全防护体系进行评估和更新，及时发现和修复安全漏洞，提高数据安全防护能力。

3. 提升数据质量和分析能力

高质量的数据是数字化供应链金融有效运作的关键。企业应建立数据质量监控机制，对数据进行定期检查和清洗，及时纠正错误数据和重复数据，提高数据的准确性和一致性。加强数据分析师队伍建设，通过培训和引进专业人才，提升企业的数据挖掘和分析能力，使企业能够从海量数据中提取有价值的信息，为风险评估、决策制定提供更可靠的依据。例如，通过对供应链上企业的交易数据、财务数据等进行深入分析，准确评估企业的信用风险，为金融业务提供有力支持。

（四）外部环境层面风险应对策略

1. 政策法规风险应对

企业应建立专门的政策法规研究团队，密切关注国内外政策法规情况，及时了解政策法规的变化趋势和具体要求。加强与政府监管部门的沟通与交流，积极参与行业政策法规的研讨和制定，为企业争取有利的政策环境。同时，定期对企业的业务流程和运营模式进行合规性审查，确保企业业务符合最新的政策法规要求。当政策法规发生变化时，及时调整企业的经营策略和财务规划，降低政策法规风险对企业财务绩效的影响。例如，在数据隐私保护政策日益严格的背景下，企业及时调整数据处理流程，加强数据隐私保护措施，避免因违规而遭受处罚。

2. 自然灾害风险应对

企业应制定完善的自然灾害应急预案，明确在自然灾害发生时的应对流程和责任分工。建立自然灾害预警机制，与专业的气象、地质等部门合作，及时获取灾害预警信息，提前做好应对准备。加强对生产设施和供应链关键节点的防护，提高其抗灾能力，如对位于洪水易发地区的工厂进行防洪改造，加固仓库和生产车间。同时，购买相关的财产保险和营业中断险等，通过保险转移部分自然灾害风险，减少企业因自然灾害造成的经济损失，保障企业财务绩效的稳定。

3. 市场需求波动风险应对

企业应加强市场调研和预测能力，建立专业的市场研究团队，运用大数据分析、市场调研等手段，深入了解消费者需求变化趋势、行业发展动态和宏观经济形势，提前做好市场需求预测。根据预测结果，灵活调整生产和库存策略，采用柔性生产模式，提高企业对市场需求变化的响应速度。同时，加强产品创新和服务优化，不断推出符合市场需求的新产品和新服务，提高企业的市场竞争力，降低因市场需求波动导致的经营风险。例如，在市场需求下降时，企业通过推出高附加值的产品，提高产品利润率，弥补销量下降带来的损失，维持企业财务绩效。

4. 社会突发事件风险应对

企业应建立社会突发事件应急管理机制，制定详细的应急处理预案，明确在突发事件发生时的应对措施和工作流程。加强与供应链上下游企业的沟通与协作，共同应对突发事件带来的挑战，如在公共卫生事件期间，企业与供应商协商调整原材料供应计划，与客户协商订单交付时间，保障供应链的稳定运行。同时，加强对企业员工的安全教育和培训，提高员工应对突发事件的能力和自我保护意识。此外，关注社会突发事件对金融市场的影响，及时调整企业的融资和投资策略，降低金融市场波动对企业财务绩效的影响。

第三章 企业财务绩效概述

企业财务绩效通常是指企业战略及其实施和执行为最终的经营业绩作出的贡献。

第一节　企业财务绩效的内涵

一、企业财务绩效的功能定位

企业财务绩效中一系列的指标和数值表达了其功能定位。

（一）经营成果的量化反映

营业收入是企业经营成果量化反映的关键指标之一。它代表了企业在一定会计期间内通过销售商品或提供劳务所获得的经济利益流入。较高的营业收入通常意味着企业在市场上具有较强的销售能力和市场份额。例如，一家大型制造业企业，其年度营业收入的增长可能源于产品销量的增加、产品价格的提升或者新市场的开拓。净利润则是在扣除了所有成本和费用之后的剩余收益，是企业真正盈利的体现。它综合反映了企业的成本控制能力、定价策略以及运营效率。如果一家企业的营业收入增长，但净利润却没有相应增加，可能意味着其成本费用过高，需要进一步优化成本结构。

（二）财务状况的健康诊断

流动比率是衡量企业短期偿债能力的重要指标，它通过流动资产与流动负债的比值来反映企业在短期内能够变现资产以偿还流动负债的能力。一般来说，流动比率越高，表明企业的短期偿债能力越强。例如，流动比率为 2 通常被认为是较为合理的水平，意味着企业的流动资产是流动负债的两倍，有足够的能力偿还短期债务。资产负债率则用于评估企业的长期偿债能力，它反映了企业负债总额与资产总额的比例关系。较低的资产负债率说明企业的债务负担相对较轻，财务风险较低；反之，较高的资产负债率可能使企业面临较大的偿债压力和财务风险。例如，当一家企业的资产负债率超过 70% 时，可能需要谨慎评估其债务融资的合理性和可持续性。

（三）战略执行的效果验证

投资回报率（Return on Investment，ROI）用于衡量企业投资活动的收益情况，它反映了企业投入资金所获得的回报水平。通过计算投资回报率，企业可以评估各项投资项目的盈利能力，判断战略投资决策是否成功。例如，企业对某个新生产项目进行投资，如果该项目的投资回报率高于企业的平均投资回报率，说明该项目在战略执行上取得了较好的效果。经济增加值（Economic Value Added，EVA）则是在考虑了企业全部资本成本的基础上，衡量企业价值创造能力的指标。它不仅关注企业的利润，还考虑了资本的机会成本。如果企业的 EVA 为正，说明企业创造了真正的价值，战略执行有助于提升企业价值；反之，如果 EVA 为负，则需要重新审视战略执行过程中的资源配置和运营效率。

（四）价值创造的能力评估

自由现金流是企业在扣除了维持现有经营和发展所需的资本支出后，可供自由支配的现金流量。它反映了企业的实际盈利能力和财务弹性。较高的自由现金流意味着企业有更多的资金用于扩大生产、进行研发或者偿还债务，是企业价值创造能力的重要体现。市场增加值（Market Value Added，MVA）则是通过比较企业的市场价值与投入资本的差额来衡量企业为股东创造的价值。市场价值是企业股票市值与债务市值之和，MVA越大，说明企业为股东创造的价值越高。例如，一家上市公司的市场增加值持续增长，表明市场对其价值创造能力的认可，也反映了该企业在长期发展中能够有效提升股东财富。

我国相关规定显示，财务绩效信息需满足可靠性、相关性、可理解性等质量要求。可靠性要求财务绩效信息真实、客观，数据来源可靠，不存在虚假陈述或误导性信息。相关性则意味着财务绩效信息要与利益相关者的决策相关，能够帮助人们了解企业的经营状况和发展趋势，从而作出合理的决策。可理解性要求财务绩效信息以清晰、易懂的方式呈现，避免使用过于复杂或晦涩的术语和表述，使不同知识水平的利益相关者都能够理解。满足这些质量要求的财务绩效信息成为利益相关者决策的重要依据。股东可以根据财务绩效信息评估企业的盈利能力和发展潜力，决定是否继续持有或增持股票；债权人可以通过财务绩效信息判断企业的偿债能力，决定是否给予贷款以及贷款的额度和利率；管理层则可以依据财务绩效信息评估战略执行效果，调整经营策略，优化资源配置。

二、企业财务绩效的内涵演进轨迹

（一）传统阶段（19世纪末—20世纪50年代）

在这一时期，企业财务绩效的核心目标以利润最大化为主。企业主要关注的是如何通过提高销售利润率和资产周转率来实现利润的增长。销售利润率是企业净利润与销售收入的比率，它反映了企业每销售1元产品所获得的利润。企业通过降低成本、提高产品价格等方式来提高销售利润率。例如，企业通过优化生产流程，降低原材料采购成本，或者对产品进行差异化定价，提高产品附加值，从而提升销售利润率。资产周转率则反映了企业资产的运营效率，它通过销售收入与平均资产总额的比值来计算。企业通过加快资金周转速度，如缩短应收账款回收期、提高存货周转率等，来提高资产的利用效率，进而增加利润。

杜邦财务分析体系是这一阶段的典型代表。该体系以净资产收益率为核心指标，通过层层分解，将净资产收益率与销售净利率、总资产周转率和权益乘数等指标联系起来。净资产收益率反映了股东权益的收益水平，销售净利率体现了企业的盈利能力，总资产周转率反映了企业的资产运营效率，权益乘数则反映了企业的财务杠杆程度。杜邦财务分析体系为企业提供了一个全面、系统的财务分析框架，帮助企业管理层深入了解企业的财务状况和经营成果，找出影响企业盈利能力的关键因素，从而有针对性地制定经营策略。例如，如果企业的净资产收益率较低，通过杜邦分析可以发现是销售净利率过低还是总资产周转率不足，进而采取相应的措施进行改进。

（二）现代阶段（20 世纪 60—90 年代）

这一阶段引入了股东价值最大化理念。企业不再单纯关注利润的增长，而是更加注重如何为股东创造最大价值。为了实现这一目标，发展出了一系列复合指标。EVA 就是其中之一，它考虑了企业全部资本的成本，包括债务资本成本和权益资本成本。EVA 的计算公式为：EVA= 税后净营业利润 – 资本总额 × 加权平均资本成本。只有当企业的税后净营业利润超过了全部资本成本时，企业才真正为股东创造了价值。例如，一家企业的税后净营业利润为 1000 万元，资本总额为 5000 万元，加权平均资本成本为 10%，则该企业的 EVA=1000–5000 × 10%=500（万元），说明企业为股东创造了 500 万元的价值。

投资资本回报率（Return on Invested Capital，ROIC）是这一阶段重要的复合指标。它反映了企业投入资本的盈利能力，计算公式为：ROIC= 税后净营业利润 ÷ 投资资本 × 100%。投资资本回报率越高，说明企业运用投资资本创造利润的能力越强，越有助于实现股东价值最大化。例如，企业 A 的投资资本回报率为 15%，企业 B 的投资资本回报率为 10%，在其他条件相同的情况下，企业 A 更能为股东创造价值。

平衡计分卡的提出标志着财务与非财务指标的融合。平衡计分卡从财务、客户、内部流程、学习与成长四个维度来衡量企业的绩效。在财务维度，关注传统的财务指标，如营业收入、净利润、资产回报率等；在客户维度，关注客户满意度、市场份额、客户忠诚度等指标，以反映企业在市场中的竞争力和客户对企业的认可程度；在内部流程维度，关注企业内部运营流程的效率和效果，如生产周期、产品质量、供应链管理等指标；在学习与成长维度，关注企业员工的能力提升、培训与发展、信息系统建设等方面。平衡计分卡使企业能够从多个角度全面评估自身的绩效，克服了单纯依靠财务指标进行评价的局限性，有助于企业实现长期战略目标。例如，一家企业通过平衡计分卡发现客户满意度较低，进一步分析发现是内部生产流程存在问题导致产品质量不稳定，从而促使该企业加强内部流程改进，提高产品质量，进而提升客户满意度和财务绩效。

（三）当代（21 世纪以来）

当代强调可持续价值创造。企业认识到，要实现长期稳定的发展，不仅要关注短期的财务绩效，还要考虑环境、社会和治理（Enviornmental，Social and Governance，ESG）等因素对企业价值的影响。在环境方面，企业需要关注节能减排、资源利用效率、环境保护等指标。例如，一家化工企业通过采用环保生产技术，减少污染物排放，降低了对环境的负面影响，同时也可能获得政府的环保补贴和社会的认可，提升该企业的品牌形象和长期价值。在社会方面，企业要关注员工福利、社会责任履行、社区关系等。企业为员工提供良好的工作环境、培训机会和合理的薪酬待遇，有助于提高员工的工作积极性和忠诚度，进而提升企业的生产效率和竞争力。企业积极参与社会公益活动，如捐赠物资、教育支持等，能够增强社会对企业的好感和信任。在治理方面，企业要建立健全企业治理结构，确保决策的科学性、公正性和透明度。完善的企业治理结构可以有效防范内部风险，提升企业的运营效率和价值。

此外，数字技术推动了实时动态绩效监控。随着大数据、云计算、人工智能等数字技术的发展，企业能实时收集、处理和分析大量的财务与业务数据。通过建立实时绩效监控系统，企业管理层可以随时了解企业的财务状况和经营成果，及时发现问题并采取相应的措施。如企业可以通过实时监控系统对销售数据进行分析，一旦发现某个地区的销售额出现异常下降，能够迅速调查原因，调整营销策略。数字技术还可以实现对财务指标的预测分析，帮助企业提前制定应对策略，提高企业的决策效率和竞争力。如利用机器学习算法对历史财务数据进行分析，预测企业未来的营业收入和利润趋势，为企业的战略规划和资源配置提供依据。

三、价值创造视角下的财务绩效解析

（一）价值创造理论的发展脉络

1. 古典经济学视角：亚当·斯密的劳动价值论

在古典经济学时期，亚当·斯密于1776年在其著作《国富论》中提出了劳动价值论。该理论认为，商品的价值源于生产过程中所耗费的劳动量。劳动是价值的唯一源泉，商品的价值量取决于生产该商品所必需的劳动时间。例如，在一个手工制作家具的工坊里，制作一张桌子所花费的劳动时间越长，这张桌子所蕴含的价值就越高。亚当·斯密的劳动价值论为早期的经济活动提供了价值衡量的基础，企业通过关注生产过程中的劳动投入，力求提高劳动效率以降低成本，从而在市场交换中获取更多的价值。这一理论在当时的工业生产逐步兴起阶段，对企业理解自身产品的价值形成机制有着重要的指导意义，促使企业注重生产环节的优化，通过分工协作等方式提高劳动生产率，进而推动了经济的发展。

2. 现代财务理论

（1）莫迪利亚尼－米勒定理奠定价值评估基础。1958年，弗兰科·莫迪利安尼和默顿·米勒提出了莫迪利亚尼－米勒定理（MM定理）。该定理在一系列严格的假设条件下，认为在无税收、无交易成本、无信息不对称等完美市场环境中，企业的价值与其资本结构无关。这一定理打破了传统观念中企业资本结构对企业价值具有决定性影响的认知。例如，假设有两家企业A和B，它们的经营状况、盈利能力等完全相同，唯一的区别在于企业A全部采用股权融资，而企业B采用股权和债权混合融资。按照MM定理，在完美市场环境下，这两家企业的价值是相等的。MM定理为现代企业价值评估理论奠定了基础，后续学者在此基础上通过放松假设条件，进一步研究税收、破产成本等因素对企业价值和资本结构的影响，推动了企业价值评估理论的不断完善。

（2）威廉·夏普资本资产定价模型量化风险与收益关系。1964年，威廉·夏普提出了资本资产定价模型（Capital Asset Pricing Model，CAPM）。该模型认为，任何资产的预期收益率等于无风险收益率加上该资产的风险溢价。风险溢价与市场风险溢价以及该资产相对于市场组合的风险敏感度（β 系数）相关。CAPM 模型使得投资者能够量化投资风险与预期收益之间的关系，企业在进行投资决策时，可以依据该模型评估投资项目的风险与收益是否匹配，从而合理配置资源，提高企业的价值创造能力。

3. 当代创新

（1）顾客价值理论。菲利普·科特勒提出的顾客价值理论强调，顾客在购买产品或服务时，会对其所获得的总价值（包括产品价值、服务价值、人员价值和形象价值等）与所付出的总成本（包括货币成本、时间成本、体力成本和精力成本等）进行比较。顾客价值等于总价值减去总成本。企业要实现价值创造，就需要不断提升顾客所获得的总价值，同时降低顾客的总成本。例如，某公司通过不断创新产品设计，提高产品性能，提供优质的售后服务，提升了产品价值、服务价值等总价值；通过优化供应链管理，降低产品价格，减少顾客等待购买的时间等，降低了顾客的总成本。这种对顾客价值的关注，使得该公司吸引了大量的忠实顾客，从而实现了企业价值的提升。顾客价值理论促使企业从顾客的角度出发，优化自身的产品和服务，以创造更高的顾客价值，进而推动企业财务绩效的改善。

（2）共创价值理论。C.K. 普拉哈拉德和文卡特·拉马斯瓦米提出的共创价值理论认为，价值不再仅仅由企业创造，而是由企业与顾客、供应商、合作伙伴等利益相关者共同创造。在共创价值的过程中，各方通过互动、合作，整合资源，共同创造出比单独行动时更大的价值。例如，在汽车制造领域，汽车制造商与零部件供应商紧密合作，共同研发新型零部件，提高汽车的性能和质量；通过与顾客的互动，了解顾客需求，开发出更符合市场需求的车型。这种共创价值的模式不仅提升了产品的竞争力，也为各方带来了更大的价值。企业通过积极参与共创价值活动，拓展了价值创造的边界，有助于提升自身的财务绩效和长期竞争力。

（二）价值创造的财务指标体系

1. 会计基础指标

（1）净利润。净利润是企业在一定会计期间内的经营成果，通过营业收入减去营业成本、期间费用、税费等各项支出后得出。它反映了企业在过去一段时间内的盈利能力。较高的净利润通常意味着企业在经营过程中有效地控制了成本，实现了较好的销售业绩。例如，一家服装制造企业在某一年度实现了较高的净利润，可能是由于其成功推出了几款畅销的服装款式，增加了营业收入，同时通过优化生产流程，降低了原材料采购成本和生产成本，从而提高了净利润水平。净利润是企业价值创造的重要体现，它为企业的持续发展提供了资金支持，也影响着投资者对企业的信心。

（2）每股收益。每股收益是净利润与发行在外普通股股数的比值。它反映了普通股股东每持有一股所能享有的企业利润。对于上市公司来说，每股收益是一个重要的财务指标，受到投资者的广泛关注。较高的每股收益通常会吸引更多的投资者购买该公司的股票，从而推动股价上涨，提升企业的市场价值。例如，某上市公司在公布年度财务报告时，每股收益较上一年度有显著增长，这可能会引发投资者的积极追捧，使得该公司股票价格上升，进而增加企业的市值，体现了企业在价值创造方面的良好表现。

2. 市场价值指标

（1）市值。市值即企业的市场价值。对于上市公司而言，市值等于股票价格乘以发行在外的普通股股数。市值反映了市场对企业未来增长潜力和盈利能力的预期。如果市场认为企业具有良好的发展前景，如拥有创新的技术、广阔的市场空间、优秀的管理团队等，就会愿意以较高的价格购买该企业的股票，从而推高企业的市值。例如，一些新能源汽车领域的领军企业的市值在近年来持续攀升。这是因为市场看好其在电动汽车技术研发、自动驾驶技术发展以及全球市场拓展等方面的潜力。尽管在某些时期这些企业的净利润并不高，但其高市值体现了市场对其未来价值创造能力的高度认可。

（2）托宾 Q 值。托宾 Q 值是企业市场价值与资产重置成本的比值。当托宾 Q 值大于 1 时，表明企业的市场价值高于其资产重置成本，意味着市场对企业未来的盈利预期较高，企业具有较好的投资价值和价值创造能力；当托宾 Q 值小于 1 时，说明企业的市场价值低于资产重置成本，可能意味着企业的经营效率低下，未来发展前景不容乐观。例如，一家传统制造业企业的托宾 Q 值长期低于 1，可能是由于行业竞争激烈，企业的盈利能力较弱，市场对其未来增长预期较低；而一家新兴科技企业的托宾 Q 值大于 1，可能是因为该企业掌握了先进的技术，具有较大的市场发展空间，市场对其未来价值创造充满信心。

四、资源配置效率的财务表现维度

（一）资源配置的理论框架

1. 强调异质性资源的价值创造潜力

杰伊·B. 巴尼在 1991 年提出的资源基础观认为，企业是各种资源的集合体，而企业所拥有的异质性资源是其获取竞争优势和实现价值创造的关键。这些异质性资源具有稀缺性、不可模仿性、不可替代性以及有价值性等特点。例如，一家制药企业拥有独特的药物研发技术和专利，这便是其异质性资源。该技术和专利具有稀缺性，在市场上难以被轻易复制，其他企业无法在短期内模仿或找到可替代的方案。凭借这些异质性资源，该制药企业能够研发出具有独特疗效的药品，满足市场上特定的医疗需求，从而实现价值创造。这种理论促使企业重新审视自身所拥有的资源，注重对独特资源的挖掘、培育和保护，通过对异质性资源的有效利用，提升企业在市场中的竞争力，进而影响企业的财务绩效。

2. 关注资源整合与重构能力

蒂斯等人在 1997 年提出的动态能力理论指出，在快速变化的市场环境中，企业不仅要依赖现有的资源，更重要的是具备对资源进行整合、重构和再配置的能力。企业所处的外部环境不断变化，如技术革新、市场需求转变、政策法规调整等，这要求企业能够及时调整资源配置策略。以智能手机行业为例，随着技术的快速发展，消费者对手机拍照功能、屏幕显示效果、运行速度等方面的需求不断变化。某智能手机公司通过不断整合内部的研发、设计、生产等资源，重构其产品线，推出具有创新性的产品，如采用新的摄像头技术、更先进的屏幕材质以及优化的芯片性能等，满足了市场需求的变化。这种动态能力使得该公司能够适应市场环境的动态变化，快速整合和重构资源，保持竞争优势，为其创造持续的价值，在财务上体现为销售收入的增长、利润的提升以及市场份额的扩大。

3. 配置效率模型

（1）帕累托最优标准。帕累托最优是一种资源配置的理想状态，即在不使任何人境况变坏的情况下，不可能再使至少一个人的境况变好。在企业资源配置中，当达到帕累托最优时，意味着企业的资源分配已经达到了一种效率最大化的状态，不存在可以通过重新配置资源使部分利益相关者受益而不损害其他利益相关者的情况。例如，在企业的生产过程中，将有限的劳动力、原材料、设备等资源分配到不同的产品生产线上，如果调整资源分配，使得一种产品的产量增加，但必然导致另一种产品产量减少，那么此时企业的资源配置就处于帕累托最优状态。帕累托最优标准为企业评估资源配置效率提供了一个理论基准，虽然在现实中完全达到帕累托最优较为困难，但企业可以以此为目标，不断优化资源配置，提高效率，从而改善财务绩效。

（2）投入产出分析模型。数据包络分析（Data Envelopment Analysis，DEA）模型是一种常用的投入产出分析方法，用于评价多投入多产出决策单元的相对效率。在企业资源配置效率评价中，DEA 模型可以将企业的各项资源投入（如人力、物力、财力等）和产出（如产品产量、销售收入、利润等）作为指标，通过数学模型计算出各个决策单元（如不同的生产部门、业务单元等）的效率值。例如，对于一家拥有多个生产车间的制造企业，利用 DEA 模型可以比较各个车间在相同资源投入下的产出效率。如果某个车间的 DEA 效率值较高，说明该车间在资源利用方面相对有效，能够以较少的投入获得较多的产出；反之，如果效率值较低，则表明该车间可能存在资源浪费或配置不合理的情况，企业可以据此进行资源的重新分配和优化，提高整体的资源配置效率，进而提升企业的财务表现，如降低成本、增加利润等。

（二）提升资源配置效率的管理策略

1. 动态预算管理

（1）滚动预算编制。滚动预算编制是一种持续更新的预算方法，它将预算期与会计期间脱离开，随着时间的推移不断补充预算，逐期向后滚动。例如，企业在编制年度预算时，采用滚动预算法，每个月或每个季度根据实际经营情况对后续几个月或季度的预算进行调整和修订。这样可以使预算更加贴近实际经营状况，及时反映市场变化和企业内部情况的变动。如某企业在年初制定了全年的销售预算，但在第二季度发现市场需求出现了较大变化，通过滚动预算编制，企业可以及时调整后续季度的销售目标和相应的资源配置计划，如调整生产计划、采购计划以及营销费用预算等，确保资源能够合理地分配到各个业务环节，提高资源配置效率，实现企业的经营目标，提升财务绩效。

（2）零基预算应用。零基预算是指在编制预算时，不考虑以往期间的费用项目和费用数额，一切以零为出发点，从实际需要出发分析各项预算支出的必要性和合理性，进而确定预算金额的一种预算编制方法。例如，企业在进行年度费用预算时，对各项费用支出进行重新评估，不再以上一年度的费用水平为基础。对于营销费用，企业需要重新分析各项营销活动的必要性和预期效果，如是否需要参加某个展会、投放某种广告等，根据分析结果确定预算金额。通过零基预算，企业可以避免因惯性思维导致的资源浪费，将资源集中分配到最有价值的项目和活动中，提高资源配置效率，降低成本，增加利润，改善企业的财务状况。

2. 资产轻量化转型

（1）共享经济模式。共享经济模式为企业实现资产轻量化转型提供了有效途径。以 Airbnb 为例，它通过搭建在线平台，将闲置的房屋资源进行整合和共享。房屋所有者可以将自己闲置的房间或整套房屋出租给旅行者，Airbnb 则通过收取一定比例的交易佣金盈利。这种模式使得 Airbnb 无须大量购置房产等固定资产，就能够开展业务并获得收入。对于企业而言，采用共享经济模式可以减少对固定资产的投入，降低资产持有成本和运营风险。例如，一些企业在员工差旅住宿方面，可以通过与类似 Airbnb 的平台合作，利用共享的房源资源，减少对自建或租赁酒店式公寓等固定资产的依赖，提高资产使用效率，将释放出来的资金用于企业的核心业务发展或其他更有价值的投资，从而提升企业的资源配置效率和财务绩效。

（2）设备融资租赁。设备融资租赁是指企业通过与租赁公司签订租赁合同，从租赁公司获得设备的使用权，在租赁期内支付租金，租赁期满后根据合同约定可以选择购买设备或归还设备的一种融资方式。对于企业来说，采用设备融资租赁可以避免一次性大额资金投入购买设备，缓解资金压力。例如，一家制造企业需要更新一批生产设备，如果直接购买设备需要大量资金，可能会影响企业的资金流动性。通过设备融资租赁，企业只需按照合同约定支付租金，就能够使用先进的设备进行生产。租赁公司通常具有专业的设备管理和维护能力，能够降低企业设备维护成本。这种方式使得企业能够以较低的成本获得设备的使用权，提高资产的使用效率，优化资源配置，将资金用于其他关键业务领域，提升企业的整体竞争力和财务表现。

3. 数据驱动决策

（1）建立资源配置数字孪生模型。数字孪生模型是对物理实体的数字化映射，通过采集物理实体的实时数据，在虚拟空间中构建与物理实体相对应的模型，并对其进行实时监测、分析和优化。在企业资源配置中，建立资源配置数字孪生模型可以将企业的各类资源（如设备、人员、原材料等）和业务流程进行数字化模拟。例如，一家大型物流企业通过建立数字孪生模型，将仓库布局、运输路线、车辆调度等进行数字化呈现。通过实时采集物流业务中的数据，如货物运输量、车辆行驶速度、仓库库存等，模型可以实时反映该企业资源的实际使用情况和业务运行状态。该企业管理者可以根据数字孪生模型提供的信息，提前预测资源需求，优化资源配置方案，如调整仓库存储策略、优化运输路线规划等，提高资源配置效率，降低运营成本，提升企业的经济效益和财务绩效。

（2）应用人工智能（Artificial Intelligence，AI）算法优化库存管理。AI 算法在库存管理中具有重要应用价值。通过对大量历史销售数据、市场需求预测数据、供应链数据等进行分析，AI 算法可以帮助企业更准确地预测库存需求，优化库存水平。例如，一家电商企业利用 AI 算法对过去几年的商品销售数据进行分析，结合市场趋势、季节因素、促销活动等信息，预测不同商品在未来一段时间内的销量。根据预测结果，企业可以合理调整库存水平，避免库存积压或缺货情况的发生。AI 算法还可以根据实时库存数据和订单情况，优化库存分配和补货策略，如确定最佳的补货时间、补货数量等。通过应用 AI 算法优化库存管理，企业能够提高库存周转率，减少库存成本，优化资源配置，提高企业的运营效率和财务效益。

第二节 企业财务绩效的主要评价指标

一、盈利能力指标

盈利能力堪称企业财务绩效的核心指标之一，其清晰展现了企业在特定时期内获取利润的实际能力。这一能力对于企业的生存与发展意义非凡，是企业持续运营、扩大规模以及实现价值增长的根本动力源泉。在评估企业盈利能力时，常用的指标涵盖净资产收益率、总资产报酬率、销售利润率等。

（一）净资产收益率

净资产收益率（Rate of Return on Common Stockholders' Equity，ROE）在衡量企业股东权益收益水平方面占据着举足轻重的地位。它通过计算净利润与平均净资产的比值来得出，计算公式为：ROE=（净利润 ÷ 平均净资产）×100%。该指标直观反映了企业运用自有资本获取利润的能力。例如，A 企业在过去一年的净利润为 500 万元，年初净资产为 3000 万元，年末净资产为 3500 万元，那么其平均净资产为（3000 + 3500）÷2=3250（万元），ROE=（500÷3250）×100% ≈ 15.38%。较高的 ROE 意味着企业能够高效地利用股东投入的资金创造利润，为股东带来丰厚回报，这无疑会增强投资者对企业的信心，吸引更多投资。反之，若 ROE 较低，企业则需深入剖析原因，比如是否存在成本过高、资产运营效率低下等问题，并针对性地加以改进。

（二）总资产报酬率

总资产报酬率（Return on Assets，ROA）反映了企业总资产的运营效率和盈利能力。它综合考量了企业的资产规模与利润水平，计算公式为：ROA=（息税前利润 ÷ 平均资产总额）×100%。息税前利润涵盖了净利润、利息支出以及所得税费用，平均资产总额为年初资产总额与年末资产总额的平均值。例如，B 企业的息税前利润为 800 万元，年初资产总额为 5000 万元，年末资产总额为 6000 万元，平均资产总额为（5000 + 6000）÷ 2=5500（万元），ROA=（800 ÷ 5500）× 100% ≈ 14.55%。ROA 越高，表明企业运用全部资产获取收益的能力越强，资产运营效率越高。这一指标有助于企业管理者评估资产的配置是否合理，是否充分发挥了资产的潜力。倘若 ROA 较低，企业可能需要重新审视资产结构，优化资源配置，提高资产的利用效率。

（三）销售利润率

销售利润率直接体现了企业销售收入转化为利润的效率，是衡量企业经营效益的关键指标。常见的销售利润率指标包括销售毛利率和销售净利率。销售毛利率 =（销售收入 – 销售成本）÷ 销售收入 ×100%，它反映了企业销售产品的初始盈利能力，展示了产品本身的利润空间。例如,C 企业的销售收入为 1000 万元，销售成本为 600 万元，其销售毛利率 =（1000 – 600）÷ 1000 × 100%=40%。销售净利率 = 净利润 ÷ 销售收入 ×100%，则进一步考虑了企业在扣除所有成本和费用后的最终盈利水平。假设 C 企业的净利润为 150 万元，那么其销售净利率 = 150 ÷ 1000 × 100% = 15%。较高的销售利润率意味着企业在销售环节具备较强的盈利能力，产品具有竞争力，成本控制得当。企业可以通过提升产品品质、优化销售渠道、降低成本等方式提高销售利润率，进而提升整体盈利能力。

这些盈利能力指标从不同视角反映了企业的盈利状况，为企业管理者和投资者提供了至关重要的决策依据。企业管理者可依据这些指标洞察企业在盈利方面的优势与不足，进而制定科学合理的经营策略，以实现利润最大化。投资者则能借助这些指标评估企业的投资价值，作出明智的投资抉择。

二、偿债能力指标

偿债能力是企业财务绩效的重要构成部分，它集中反映了企业偿还债务的实际能力。企业的偿债能力不仅紧密关联着自身的财务安全，还对债权人的利益产生直接影响。一旦企业偿债能力出现问题，可能引发债务违约，导致财务危机，甚至面临破产风险。因此，准确评估企业的偿债能力至关重要。常用的偿债能力指标包含资产负债率、流动比率和速动比率等。

（一）资产负债率

资产负债率是衡量企业财务风险的核心指标，它通过计算负债总额与资产总额的比值得出，计算公式为：资产负债率 = 负债总额 ÷ 资产总额 ×100%。该指标反映了企业总资产中通过负债筹集的资金所占的比例。例如，D 企业的负债总额为 4000 万元，资产总额为 10000 万元，其资产负债率 =4000 ÷ 10000 × 100% = 40%。一般而言，资产负债率越低，表明企业的债务负担相对较轻，偿债能力较强，财务风险较低；反之，资产负债率越高，企业的债务负担越重，面临的财务风险也就越大。不过，资产负债率的合理范围会因行业而异。例如，房地产行业由于项目投资规模大、周期长，通常资产负债率相对较高，维持在 60% ～ 80% 较为常见；而一些轻资产的服务业，资产负债率可能在 30% ～ 50%。企业管理者需结合行业特点，合理把控资产负债率，确保企业财务状况稳健。

（二）流动比率

流动比率主要用于衡量企业的短期偿债能力，它通过流动资产与流动负债的比值来计算，计算公式为：流动比率 = 流动资产 ÷ 流动负债。流动资产涵盖货币资金、应收账款、存货等短期内可变现的资产，流动负债则包括短期借款、应付账款等需在短期内偿还的债务。例如，E 企业的流动资产为 3000 万元，流动负债为 1500 万元，其流动比率 = 3000 ÷ 1500 = 2。一般认为，流动比率保持在 2 左右较为适宜，这意味着企业的流动资产是流动负债的两倍，具备较强的短期偿债能力，能够较为从容地应对短期内的债务偿还需求。但流动比率过高也可能表明企业资金闲置，资产运营效率不高；流动比率过低则可能使企业面临短期偿债压力，存在资金链断裂的风险。企业应根据自身经营特点和行业惯例，合理调整流动资产与流动负债的结构，维持合适的流动比率。

（三）速动比率

速动比率同样是衡量企业短期偿债能力的重要指标，相较于流动比率，它更能精准地反映企业的即时偿债能力。计算公式为：速动比率 =（流动资产 – 存货）÷ 流动负债。之所以扣除存货，是因为存货的变现速度相对较慢，在企业面临紧急偿债需求时，可能无法迅速转化为现金。例如，F 企业的流动资产为 2500 万元，其中存货为 800 万元，流动负债为 1200 万元，其速动比率 =（2500 − 800）÷ 1200 = 1.42。通常情况下，速动比率保持在 1 左右较为理想，这表明企业在不依赖存货变现的情况下，也能较好地偿还短期债务。与流动比率类似，速动比率过高或过低都可能存在问题，企业需关注速动比率的变化，及时调整经营策略，确保短期偿债能力处于合理水平。

这些偿债能力指标为企业管理者提供了有效的风险预警信号，帮助其合理控制债务规模，优化资本结构。企业管理者应密切关注这些指标的动态变化，提前制定应对措施，防范财务风险，保障企业的稳定运营。

三、运营能力指标

运营能力是企业财务绩效的关键组成部分，它集中体现了企业资产的运营效率以及管理水平。高效的运营能力能够使企业充分发挥资产的潜力，降低运营成本，提高经济效益。常用的运营能力指标包括总资产周转率、应收账款周转率和存货周转率等。

（一）总资产周转率

总资产周转率反映了企业总资产的运营效率，它表明企业每单位资产在一定时期内所创造的销售收入。计算公式为：总资产周转率 = 销售收入 ÷ 平均资产总额。例如，G 企业在过去一年的销售收入为 8000 万元，年初资产总额为 6000 万元，年末资产总额为 7000 万元，平均资产总额为（6000 + 7000）÷ 2 = 6500（万元），其总资产周转率 =8000 ÷ 6500 ≈ 1.23。总资产周转率越高，说明企业资金周转速度越快，资产利用效率越高，在同等资产规模下能够创造更多的销售收入。这意味着企业在资产管理、生产运营、销售等环节的协同运作良好。若总资产周转率较低，企业需要深入分析原因，可能是生产环节存在瓶颈、销售渠道不畅或者资产配置不合理等，进而针对性地采取措施加以改进，如优化生产流程、拓展销售市场、调整资产结构等，以提高总资产周转率。

（二）应收账款周转率

应收账款周转率反映了企业应收账款的回收速度，它直接影响企业的资金周转和财务状况。计算公式为：应收账款周转率 = 赊销收入净额 ÷ 平均应收账款余额。赊销收入净额是指销售收入扣除现销收入和销售退回、折扣、折让后的净额，平均应收账款余额为年初应收账款余额与年末应收账款余额的平均值。例如，H 企业的赊销收入净额为 5000 万元，年初应收账款余额为 800 万元，年末应收账款余额为 1200 万元，平均应收账款余额为（800 +1200）÷ 2 = 1000（万元），其应收账款周转率 = 5000 ÷ 1000 = 5。应收账款周转率越高，表明企业收回应收账款的速度越快，资金回笼效率高，坏账损失风险低。这体现了企业在销售信用管理方面较为有效，能够及时收回货款，保证资金的正常周转。反之，若应收账款周转率较低，企业可能面临资金被大量占用、坏账风险增加等问题，需要加强应收账款的管理，优化信用政策，加大催款力度，提高应收账款的回收效率。

（三）存货周转率

存货周转率反映了企业存货的管理水平，它体现了企业的销售能力和库存管理效率。计算公式为：存货周转率 = 营业成本 ÷ 平均存货余额。平均存货余额为年初存货余额与年末存货余额的平均值。例如，I 企业的营业成本为 4500 万元，年初存货余额为 1000 万元，年末存货余额为 1500 万元，平均存货余额为（1000 + 1500）÷ 2 = 1250（万元），其存货周转率 = 4500 ÷ 1250 = 3.6。存货周转率越高，说明企业存货周转速度越快，存货占用资金少，存货积压风险低，产品销售顺畅。这意味着企业在生产计划、采购管理、销售策略等方面协调得当，能够根据市场需求合理控制存货水平。若存货周转率较低，企业可能存在存货积压、销售不畅等问题，需要优化生产与销售计划，加强库存管理，提高存货的周转效率。

通过对这些运营能力指标的深入分析，企业管理者能够及时察觉运营过程中存在的问题，并迅速采取相应措施加以改进。这有助于企业优化资源配置，提高运营效率，降低成本，增强市场竞争力，从而提升企业的财务绩效。

四、非财务指标

随着现代企业理论的不断发展，单纯依靠传统的财务指标已难以全面、准确地评价企业的财务绩效。为此，引入了一些非财务指标，以便更全面地考量企业的综合实力与发展潜力。这些非财务指标主要涵盖客户满意度、员工满意度、创新能力、市场占有率等。

（一）客户满意度

1. 客户满意度与企业效益的关联

客户满意度堪称衡量企业产品与服务质量的核心指标，其与企业市场份额及盈利能力存在紧密联系。当客户对企业的产品或服务感到满意时，他们再次购买该企业产品或服务的意愿会显著增强。满意的客户更倾向于成为企业的长期、忠实客户，持续为企业贡献销售收入。从消费心理角度来看，客户在体验到满意的产品或服务后，会形成对该企业的积极认知，这种认知会促使他们在后续的消费决策中优先选择该企业。客户满意还会引发口碑传播效应。满意的客户不仅自身会持续购买，还会向身边的亲朋好友、同事等群体推荐企业的产品或服务。这种口碑传播具有较高的可信度和影响力，能够吸引新客户尝试企业的产品或服务，进而促进企业市场份额的扩大。随着市场份额的增长，企业的销售收入随之增加，规模效应得以显现，单位产品成本降低，最终实现盈利能力的提升。

2. 了解与提升客户满意度的途径

企业可通过多种方式了解客户满意度。开展客户调查是常用且有效的方法。企业可以设计详细的调查问卷，涵盖产品质量、性能、外观、包装，以及服务的及时性、专业性、态度等多个维度，通过线上问卷平台、线下纸质问卷发放等形式，广泛收集客户的反馈意见。设置客户投诉热线也是重要途径，为客户提供便捷的投诉渠道，使客户在遇到问题时能够及时向企业反馈。企业对投诉内容进行分类整理与深入分析，能够精准发现产品或服务中存在的问题。分析客户购买行为同样能洞察客户满意度。通过大数据技术，企业可以追踪客户的购买频率、购买间隔时间、购买产品种类的变化等信息。若客户购买频率降低或转向购买竞争对手的产品，可能暗示客户满意度下降。基于对客户满意度的了解，企业能够针对性地改进产品和服务。在产品方面，根据客户反馈优化产品设计、提升产品质量、增加产品功能等；在服务方面，加强员工培训、提高服务人员的专业素养和服务态度、优化服务流程、缩短客户等待时间等，以此提高客户满意度，为企业创造更大价值。

（二）员工满意度

1. 员工满意度对企业运营的影响

员工满意度能直观体现企业内部管理的和谐程度，与企业生产效率和创新能力密切相关。当员工对工作环境感到满意时，他们在工作过程中会更加舒适、愉悦，能够保持良好的工作状态，减少因环境因素导致的工作分心和疲劳，从而提高工作效率。薪酬待遇是影响员工满意度的重要因素之一。具有竞争力的薪酬福利体系能够吸引和留住优秀人才，员工在获得与其工作价值相匹配的报酬时，会认为自身的付出得到认可，进而激发工作积极性和主动性。职业发展机会同样关键，员工期望在企业中能够获得成长和晋升空间。当企业为员工提供丰富的培训课程、清晰的职业晋升路径时，员工会更有动力提升自身能力，全身心投入工作，为企业创造更高价值。在创新能力方面，满意的员工更愿意提出新的想法和建议，积极参与企业的创新活动。他们对企业有较高的认同感和归属感，会主动为企业的发展贡献智慧和力量，推动企业的创新发展。

2. 提升员工满意度的策略

企业可通过多种策略提高员工满意度。定期开展员工满意度调查是基础工作，设计科学合理的调查问卷，涵盖工作环境、薪酬福利、职业发展、团队氛围、管理方式等多个方面，全面了解员工的需求和期望。建立沟通反馈机制至关重要，企业要搭建多种沟通渠道，如定期的员工座谈会、线上沟通平台、意见箱等，让员工能够畅所欲言，及时反馈问题和提出建议。企业管理层要认真对待员工的反馈，及时给予回应和解决。优化人力资源管理政策也是关键。在招聘环节，精准匹配岗位需求与员工能力，确保员工能够在合适的岗位上发挥优势。在培训方面，根据员工的职业发展规划和岗位需求，提供有针对性的培训课程，提升员工的专业技能和综合素质。在薪酬福利管理上，建立公平合理且具有竞争力的薪酬体系，根据员工的工作表现和业绩进行合理的薪酬调整和奖励，同时完善福利制度，关注员工的身心健康，提供健康体检、带薪休假、员工活动等福利项目，营造良好的企业氛围，促进企业可持续发展。

（三）创新能力

1. 创新能力对企业竞争的关键作用

创新能力是企业在激烈市场竞争中保持优势的核心要素，集中体现企业的研发实力和技术进步水平。在快速变化的市场环境中，消费者需求不断升级，市场竞争日益激烈。具备较强创新能力的企业能够敏锐捕捉市场变化趋势，精准把握消费者新的需求点。通过持续投入研发资源，企业能够不断推出新产品，满足消费者对产品功能、品质、体验等方面的新需求。企业也可以对现有产品进行优化和改进，提升产品性能、降低产品成本，增强产品在市场中的竞争力。在服务领域，创新能力促使企业开发新的服务模式和服务内容，提高服务效率和质量，为客户提供更优质、便捷的服务体验。这些创新举措能够帮助企业在市场中脱颖而出，吸引更多客户，赢得市场份额，进而提升企业的盈利能力。例如，在科技行业，创新能力强的企业能够率先推出具有突破性技术的产品，引领行业发展潮流，占据市场主导地位，获取高额利润。

2. 提升创新能力的举措

企业可通过多种举措提升创新能力。加大研发投入是根本保障，企业需要设立专门的研发资金，确保有足够的资源用于技术研究、产品开发和创新项目。研发资金要合理分配，既要关注短期能够带来市场竞争力的产品改进和升级项目，也要投入一定比例资金用于长期的前沿技术研究，为企业未来发展储备技术力量。建立创新激励机制必不可少，企业可以设立创新奖励基金，对提出创新性想法和方案并取得实际成果的团队或个人给予物质奖励。在职业发展方面，为创新型人才提供优先晋升机会，认可他们的创新贡献，激发员工的创新积极性。培养创新人才队伍是关键，企业要制订完善的人才培养计划，通过内部培训、外部进修、产学研合作等多种方式，提升员工的创新思维和专业技能。企业还可以积极引进具有创新能力和丰富经验的高端人才，充实企业的创新人才库，为企业创新发展注入新的活力，为企业长期发展奠定坚实基础。

（四）市场占有率

1. 市场占有率反映企业竞争地位

市场占有率直观反映企业在市场中的竞争地位，是企业财务绩效的重要外在体现。较高的市场占有率意味着企业在市场中具有较强的竞争力。在产品定价方面，市场占有率高的企业往往具有更大的话语权。由于其产品或服务在市场上具有较高的认可度和广泛的客户基础，企业可以根据市场需求和成本状况，制定相对灵活的价格策略。在面对原材料价格上涨等成本压力时，企业可以通过适当提高产品价格将部分成本转嫁给消费者，而不会导致市场份额大幅下降。在供应链管理方面，高市场占有率使企业在与供应商谈判时具有更强的议价能力。企业可以争取更优惠的采购价格、更有利的付款条件以及更稳定的原材料供应，降低采购成本，优化供应链效率。这些优势最终为企业带来更高的销售收入和利润。例如，在成熟的行业市场中，市场占有率领先的企业通常能够实现规模经济，降低单位产品成本，提高利润水平，巩固其在市场中的竞争地位。

2. 提高市场占有率的方法

企业可通过多种方法提高市场占有率。优化产品策略是基础，企业要深入开展市场调研，了解消费者需求和市场趋势，根据市场反馈不断优化产品设计、提升产品质量、丰富产品种类，推出更符合市场需求的产品。拓展销售渠道至关重要，企业要积极开拓线上线下多种销售渠道。在线上，利用电商平台、社交媒体平台等拓展销售范围，提高产品的曝光度和销售机会；在线下，加强与经销商、零售商的合作，优化店铺布局，提高产品的铺货率和销售覆盖面。加强品牌建设也是关键，企业要制定全面的品牌推广策略，通过广告宣传、公关活动、社会责任履行等方式，提升品牌知名度和美誉度。品牌形象的提升能够增强消费者对企业产品的信任和认可，吸引更多消费者购买企业产品，从而提高市场占有率，提升企业市场地位和财务绩效。

将非财务指标纳入评价体系，能助力企业更全面衡量财务绩效，为战略决策提供有力支撑。企业管理者应高度重视非财务指标作用，将其与财务指标有机融合，综合考量企业经营状况和发展前景，制定科学合理发展战略，推动企业实现可持续发展。

第三节　影响企业财务绩效的主要因素

一、企业战略规划

企业战略规划在影响财务绩效的诸多因素中占据首要地位。战略规划犹如企业发展的“蓝图”，明确了企业的目标、发展方向以及资源配置方式，对企业的盈利能力和市场竞争力产生直接且深远的影响。

在现代战略理论的框架下，企业需依据自身所拥有的资源和具备的能力，制定差异化战略或低成本战略，以此获取竞争优势。采取差异化战略的企业，致力于提供独特的产品或服务，以满足特定客户群体的个性化需求。例如，苹果公司凭借其在产品设计、用户体验和品牌塑造方面的独特优势，为消费者提供了具有创新性和高品质的电子产品。iPhone 系列手机以其时尚的外观设计、流畅的操作系统以及丰富的应用生态，吸引了大量追求品质和个性化的消费者。这种差异化战略使得苹果公司能够实现产品的高附加值，进而获取高额利润。数据显示，苹果公司的产品毛利率长期维持在较高水平，其净利润也在全球科技企业中名列前茅。

低成本战略则侧重于通过优化生产流程、降低运营成本等手段，提高企业在市场中的价格竞争力，从而扩大市场份额并提升盈利能力。以小米公司为例，在智能手机领域，小米通过优化供应链体系管理、采用线上直销模式等方式，有效降低了产品成本。小米以性价比高的产品定位，吸引了众多对价格敏感的消费者，迅速扩大了市场份额。在成本控制方面，小米通过与供应商建立长期稳定的合作关系，实现了原材料的大规模采购，从而降低了采购成本。在销售环节，线上直销模式减少了中间渠道的费用，进一步降低了运营成本。凭借低成本战略，小米在全球智能手机市场中占据了重要地位，财务绩效也得到了显著提升。

然而，企业战略的有效实施并非孤立存在，它需要与企业的组织架构和管理流程紧密配合。若两者无法协同一致，极有可能导致资源的浪费和效率的低下，最终对企业财务绩效造成负面影响。例如，某传统制造企业制订了向智能制造转型的战略规划，但在实施过程中，并未对原有的组织架构进行相应调整。原有的组织架构层级过多，信息传递不畅，各部门之间缺乏有效的沟通与协作。这使得企业在引入智能制造技术时，无法实现资源的高效配置，新设备和新技术的优势难以充分发挥，反而增加了运营成本，导致企业财务绩效下滑。

二、组织架构和管理水平

组织架构和管理水平是影响企业财务绩效的重要内部因素。合理的组织架构能够极大地提高企业的决策效率和运营效率，促进各部门之间的协同合作，为企业的高效运作奠定坚实基础。

依据现代管理理论，企业的组织架构应依据战略目标和业务流程进行精心优化设计，以实现资源的高效配置和信息的快速传递。例如，在互联网企业中，常见的矩阵式组织架构能够打破部门之间的壁垒，实现跨部门的项目协作。以腾讯公司为例，其在产品开发过程中，采用矩阵式组织架构，将不同专业背景的人员，如产品经理、软件开发工程师、设计师等，组成项目团队。这些团队既接受职能部门的专业指导，又围绕具体的产品项目开展工作。这种组织架构使得信息能够在不同部门之间快速流通，项目团队能够迅速响应市场变化，提高了产品开发的效率和质量。腾讯的多款热门产品在市场上取得了巨大成功，与这种高效的组织架构密不可分。

管理水平体现在企业运营的多个关键方面，包括决策机制、人力资源管理、财务管理等。科学的决策机制能够助力企业制订合理的战略和运营计划，提高资源的利用效率。在企业面临重大投资决策时，若建立了完善的决策机制，通过充分的市场调研、可行性分析以及多部门的协同论证，能够避免盲目投资，确保投资决策的科学性和合理性。例如，华为公司在决定进入 5G 通信领域时，经过了长期的技术研究和市场分析，投入大量资源进行研发。由于决策过程科学严谨，华为在5G技术领域取得了领先地位，为企业带来了巨大的经济效益。

有效的人力资源管理能够吸引和留住优秀人才，激发员工的工作积极性和创新能力。企业通过制定具有竞争力的薪酬福利体系、提供广阔的职业发展空间以及营造良好的企业文化氛围，吸引了众多优秀人才的加入。通过开展系统的培训与开发活动，提升员工的专业技能和综合素质，为企业的发展提供了强大的人才支持。

完善的财务管理体系则能够优化资金配置，降低财务风险，提升企业的财务绩效。企业通过建立健全财务预算制度、成本控制体系以及财务风险管理机制，对企业的资金流动进行有效的监控和管理。例如，在成本控制方面，丰田汽车公司采用精益生产方式，通过对生产流程的精细化管理，最大限度地降低了生产成本。在财务风险管理方面，企业通过合理安排债务融资和股权融资的比例，优化资本结构，降低财务杠杆风险。通过建立风险预警机制，及时发现和应对市场波动、汇率变化等财务风险，确保企业财务状况的稳定。

三、市场环境

市场环境是影响企业财务绩效的关键外部因素，其对企业的销售和利润水平产生直接影响。市场需求处于不断变化之中，这种变化直接左右着企业的经营状况。在竞争异常激烈的市场环境下，企业必须具备敏锐的市场洞察力，不断调整产品和服务，以契合客户的需求。

市场环境的不确定性既给企业带来了经营风险，同时也孕育着新的发展机会。根据现代市场理论，企业应当积极开展市场调研和深入分析，及时捕捉市场变化的趋势，制定与之相适应的营销策略，以提升市场份额和盈利能力。例如，随着消费者健康意识的不断提高，市场对健康食品的需求日益增长。某食品企业通过市场调研发现这一趋势后，迅速调整产品研发方向，推出了一系列低糖、低脂、高蛋白的健康食品，并加大了市场推广力度。该企业通过精准的市场定位和有效的营销策略，成功满足了市场需求，市场份额和利润水平得到了显著提升。

市场环境涵盖多个层面，包括宏观经济环境、行业发展趋势以及竞争对手状况等。宏观经济环境的变化对企业的市场需求和成本水平有着重要影响。在经济繁荣时期，消费者的购买力增强，市场需求旺盛，企业的销售收入往往会随之增加，而在经济衰退时期，消费者的购买力下降，市场需求萎缩，企业可能面临销售下滑的困境。宏观经济环境的变化还会影响企业的成本水平，如原材料价格、劳动力成本等可能会随着经济形势的变化而波动。例如，在全球经济增长放缓的背景下，一些依赖出口的制造企业面临订单减少、市场需求下降的问题，同时原材料价格的波动也增加了企业的成本控制难度。

行业发展趋势在很大程度上决定了企业的战略选择和发展方向。企业需要密切关注所在行业的技术创新、市场需求变化、政策法规调整等趋势，及时调整战略，以适应行业发展的要求。例如，随着新能源汽车行业的快速发展，传统燃油汽车企业面临着巨大的转型压力。一些具有前瞻性的传统汽车企业，积极布局新能源汽车领域，加大研发投入，推出了多款新能源汽车产品，并逐步转型为移动出行服务提供商。通过顺应行业发展趋势，这些企业在新的市场环境中保持了竞争力，实现了可持续发展。

竞争对手的策略直接影响企业的市场份额和盈利能力。企业需要对竞争对手的产品策略、价格策略、营销策略等进行深入分析，制定差异化的竞争策略，以提升自身的市场竞争力。例如，在智能手机市场，苹果和三星作为两大竞争对手，各自凭借独特的产品优势和营销策略占据了一定的市场份额。苹果以其高端的品牌形象、创新的产品设计和优质的用户体验吸引了一部分消费者，三星则以其丰富的产品线、强大的技术研发能力和灵活的市场策略赢得了另一部分消费者的青睐。其他智能手机企业在面对这两大竞争对手时，需要通过差异化竞争，如推出具有特色功能的产品、针对特定市场定位进行营销等，来争夺市场份额。

四、政策法规

政策法规是影响企业财务绩效的重要外部因素之一。政府制定的经济政策、税收政策、产业政策等对企业的发展起着重要的引导作用。

经济政策通过调节宏观经济环境，对企业的市场需求和成本水平产生影响。例如，政府实施扩张性的财政政策和货币政策时，能够刺激经济增长，增加市场需求，降低企业的融资成本。政府加大基础设施建设投资，能够带动相关产业的发展，为建筑、建材、机械等行业的企业带来更多的业务机会。宽松的货币政策使得企业更容易获得贷款，融资成本降低，有利于企业扩大生产规模、进行技术研发等。反之，政府实施紧缩性的经济政策时，市场需求可能会受到抑制，企业的融资难度和成本可能会增加。

税收政策直接关系企业的税负和利润水平。政府通过调整税率、税收优惠政策等手段，影响企业的经营决策。例如，对于高新技术企业，政府通常给予税收优惠政策，如减免企业所得税、研发费用加计扣除等。这些政策能够鼓励企业加大研发投入，提高技术创新能力，促进企业的发展。以某高新技术企业为例，由于享受研发费用加计扣除政策，该企业在计算应纳税所得额时，可以将实际发生的研发费用按照一定比例进行加计扣除，从而减少了应纳税额，增加了利润。

产业政策通过引导资源配置，推动企业的转型升级和创新发展。政府通过制定产业发展规划、扶持政策等，鼓励企业发展新兴产业，淘汰落后产能。例如，在新能源汽车产业发展初期，政府出台了一系列扶持政策，包括购车补贴、充电桩建设补贴、产业准入政策等，引导社会资本向新能源汽车产业集聚，推动了新能源汽车企业的快速发展。随着产业的逐渐成熟，政府逐步调整产业政策，提高产业准入门槛，促进企业通过技术创新和成本控制提升竞争力，推动产业的可持续发展。

现代企业理论强调，企业应当密切关注政策法规的变化，及时调整战略和运营策略，以充分利用政策优惠，降低政策风险。企业还可以通过行业协会等渠道，积极参与政策制定过程，表达自身的诉求，争取有利的政策环境。例如，在环保政策日益严格的背景下，一些高污染、高能耗的企业及时调整产业结构，加大环保投入，通过技术改造实现节能减排，不仅符合政策法规的要求，还能够获得政府的环保补贴和政策支持。一些行业协会组织企业共同研究政策法规变化对行业的影响，向政府相关部门提出政策建议，为企业争取更加合理的政策环境。

五、行业竞争

行业竞争是影响企业财务绩效的一个重要外部因素。在竞争激烈的市场环境中，企业必须不断提升自身的竞争力，以获取市场份额和利润。行业竞争的强度受到多种因素的综合影响，包括行业的进入壁垒、替代品的威胁、供应商的议价能力、购买者的议价能力以及行业内竞争者的数量和规模等。

根据现代竞争理论，企业可以通过实施差异化竞争、成本领先竞争或聚焦竞争等战略，提升自身的竞争优势。实施差异化竞争战略的企业，通过提供独特的产品或服务，满足特定客户群体的需求，从而实现产品的高附加值和高利润。例如，特斯拉在电动汽车领域，以其先进的电池技术、自动驾驶技术和时尚的设计，与传统燃油汽车和其他电动汽车企业形成差异化竞争。特斯拉的产品目标客户群体主要是对科技感和环保性能有较高要求的消费者。凭借差异化竞争战略，特斯拉在电动汽车市场中占据了领先地位，产品毛利率较高，财务绩效表现出色。

成本领先竞争战略强调通过优化生产流程、降低运营成本等方式，提高企业在市场中的价格竞争力，从而扩大市场份额并提升盈利能力。例如，沃尔玛作为全球知名的零售企业，通过建立高效的供应链管理系统、大规模采购、优化物流配送等手段，实现了运营成本的有效控制。沃尔玛以低价策略吸引了大量消费者，市场份额不断扩大。在成本控制方面，沃尔玛通过与供应商建立长期稳定的合作关系，实现了大规模采购，从而获得了更优惠的采购价格。在物流配送环节，沃尔玛采用先进的信息技术，优化配送路线，提高配送效率，降低了物流成本。凭借成本领先竞争战略，沃尔玛在全球零售行业中保持着强大的竞争力，财务绩效长期稳定增长。

聚焦竞争战略则要求企业专注于特定的市场或客户群体，实现资源的集中利用和效率提升。例如，一些小型企业专注于某一细分市场，如专门生产高端定制家具的企业。这些企业通过深入了解目标客户群体的需求，提供个性化的产品和服务，在细分市场中建立了竞争优势。由于专注于特定市场，企业能够集中资源进行产品研发和市场拓展，提高了资源利用效率，实现了较好的财务绩效。

企业需要根据行业竞争的强度和自身资源能力，选择合适的战略，以提升财务绩效。例如，在竞争激烈且市场需求多样化的行业中，企业可能更适合采用差异化竞争战略；在市场需求相对同质化、价格竞争激烈的行业中，成本领先竞争战略可能更为有效。企业在实施竞争战略的过程中，还需要不断进行战略调整和优化，以适应市场环境的变化和竞争对手的策略变化。

六、技术进步

在当今科技飞速发展的时代，技术进步已成为企业获取竞争优势的关键手段，对企业财务绩效产生着重要影响。技术进步能够显著提高企业的生产效率、降低运营成本、提升产品质量和创新能力。

现代技术理论指出，企业应当加大研发投入，积极引进和应用新技术，以提升自身的竞争力。例如，在制造业中，工业互联网、人工智能、大数据等新技术的应用，能够实现生产过程的智能化、自动化控制，提高生产效率和产品质量。某汽车制造企业引入工业互联网技术，通过对生产设备的互联互通和数据采集分析，实现了生产过程的优化调度和质量监控。生产线上的设备能够实时反馈生产数据，该企业根据这些数据及时调整生产参数，避免了生产过程中的浪费和次品产生，生产效率提高了 30%，产品次品率降低了 20%，有效降低了生产成本，提升了产品质量。

企业加强与高校、科研机构的合作，建立产学研合作机制，能够加速技术成果的转化和应用。高校和科研机构拥有丰富的科研资源和创新人才，企业与它们合作能够获取前沿的技术研究成果，并将其快速转化为实际生产力。例如，某生物医药企业与国内知名高校的生命科学学院建立了产学研合作关系，共同开展新药研发。高校的科研团队在基础研究方面取得了重要突破，该企业利用自身的生产和市场优势，将科研成果迅速转化为产品推向市场。通过产学研合作，该企业不仅提升了自身的创新能力，还缩短了新药研发周期，降低了研发成本，取得了巨大的经济效益。

技术进步不仅直接作用于企业的运营效率和盈利能力，还通过提升企业的创新能力和市场竞争力，间接影响其财务绩效。例如，随着互联网技术的发展，电商平台应运而生，改变了传统的商业模式。阿里巴巴作为全球知名的电商平台，通过不断创新和应用互联网技术，构建了庞大的电商生态系统。阿里巴巴的电商平台为商家和消费者提供了便捷的交易渠道，通过大数据分析实现了精准营销和个性化推荐，提升了用户体验和交易效率。阿里巴巴凭借技术创新，在电商领域占据了领先地位，市场份额不断扩大，财务绩效持续提升。

七、人力资源

人力资源作为企业获取竞争优势的重要资源，在影响企业财务绩效的因素中占据关键地位。高素质的人才队伍能够为企业注入创新思维、丰富的管理经验和专业的技术专长，从而有力地提升企业的核心竞争力。

现代人力资源理论着重强调，企业应构建科学完善的人力资源管理体系，涵盖招聘、培训、激励和绩效管理等多个方面。在招聘环节，通过建立有效的招聘机制，企业能够吸引优秀人才加入。企业制定明确的岗位要求和人才标准，采用多样化的招聘渠道，如校园招聘、社会招聘、猎头推荐等，广泛筛选人才。

通过系统的培训计划，企业能够提升员工的技能水平，使其适应企业发展的需求。培训内容包括新员工入职培训、岗位技能培训、职业发展培训等。例如，华为为员工提供了丰富多样的培训课程，涵盖技术研发、市场营销、管理技能等多个领域。新员工入职后，会接受系统的入职培训，了解华为的文化、价值观和业务流程；在工作过程中，员工根据自身岗位需求和职业发展规划，参加相应的岗位技能培训和职业发展培训，不断提升自身能力。

合理的激励机制能够激发员工的工作积极性和创造力。激励方式包括物质激励和精神激励，物质激励如薪酬、奖金、股权激励等，精神激励如表彰、晋升、荣誉称号等。例如，腾讯通过实施股权激励计划，将员工的利益与公司的利益紧密结合，激发了员工的工作积极性和创新精神。员工为了实现自身的价值和获得更好的回报，积极投入工作，为腾讯的发展贡献力量。

第四章
数字化供应链金融对企业财务绩效的影响

第一节　资金流优化与融资成本降低

一、资金流优化的实现路径

（一）数字化平台的资源整合

在传统供应链模式下，上下游企业之间资金需求与供给的对接存在诸多阻碍。信息的不畅通使得企业难以清晰知晓彼此的资金状况，导致资金配置效率较为低下。例如，上游供应商可能急需资金回笼以维持生产运转，却无法及时将这一需求传达给下游有资金供给能力的企业；而下游企业即便拥有闲置资金，也因缺乏有效信息渠道，难以精准找到合适的资金需求方进行合理投资。这种状况严重制约了供应链整体的资金利用效率。

数字化供应链金融依托功能强大的供应链金融平台，彻底改变了这一不利局面。该平台宛如一个庞大且高效的信息枢纽，凭借先进的技术手段，将分散在供应链各个环节的企业紧密聚集在一起。在这个平台上，信息交流变得畅通无阻。上游供应商能够清晰、准确地展示自身应收账款的详细情况，明确表明自身资金回笼的迫切需求。例如，一家为电子产品制造商提供零部件的供应商，可在平台上详细列出尚未收回的账款金额、账期以及对应的交易合同等信息，让资金供给方一目了然。下游制造商同样能够明确呈现预付款项需求以及存货资金占用状况。例如，一家汽车制造商可以在平台上公布为预订零部件需支付的预付款数额，以及当前库存车辆和零部件所占用的资金规模。

平台运用先进且复杂的算法，对这些海量且繁杂的信息进行高效筛选与精准匹配。通过对资金需求方和供给方的各项关键信息，如资金需求额度、期望的资金使用期限、企业信用状况等进行综合分析与运算，使资金能够如同精准导航一般，流向最需要的企业环节。以汽车制造供应链为例，众多零部件供应商通过供应链金融平台发布资金需求，而一些汽车制造商由于销售旺季回笼了大量资金，恰好有闲置资金可供调配。平台迅速对双方信息进行匹配，依据算法综合评估各供应商的信用、资金需求紧迫性等因素，将汽车制造商的闲置资金合理分配给零部件供应商。这一过程不仅避免了资金的闲置与浪费，更极大地提升了整个供应链的资金利用效率，使得供应链各环节的资金流转更加顺畅、高效。

（二）信息透明化与资金调配效率提升

在数字化供应链金融领域，区块链与大数据等前沿技术发挥着举足轻重的作用，为实现资金流的实时监控与精准预测奠定了坚实基础，进而有力地推动了资金调配效率的提升。

区块链技术以其独特的去中心化、不可篡改等特性，成为保障资金交易信息真实可靠的关键技术。在供应链金融活动中，每一笔资金交易的详细信息，包括交易双方的身份、交易金额、交易时间、交易背景等，都会被完整且准确地记录在区块链的各个节点上。由于区块链的去中心化特性，不存在单一的信息控制中心，所有参与方都能通过特定权限访问这些信息，确保了信息的公开性与公正性。同时，不可篡改的特性使得任何一方都无法随意更改交易信息，保证了信息的真实性与完整性。例如，在一笔原材料采购的资金交易中，从供应商发货、制造商确认收货到资金支付的整个过程，每一个环节的信息都会被记录在区块链上，且无法被篡改，所有参与该供应链的企业都能通过授权查看这些信息，实现了资金流信息的高度透明化。

大数据技术则凭借其强大的数据处理与分析能力，通过对海量历史交易数据以及实时交易数据的深度挖掘与分析，构建出精准反映资金流动规律的模型。大数据技术能够整合企业内部的财务数据、销售数据、采购数据，以及外部市场环境数据，如行业发展趋势、宏观经济数据等多源信息。通过对过往销售数据的分析，可以清晰了解企业在不同季节、不同促销活动期间的销售收入波动情况；结合采购数据，能明确采购周期以及采购资金的支出规律；综合物流数据，可掌握货物运输时间对资金流转的影响。例如，在电商供应链中，大数据技术通过对某商家历年“双十一”促销活动期间的销售数据、采购数据以及物流数据等进行深度分析，能够精准预测该商家在当年“双十一”活动期间的资金需求峰值。基于这一预测结果，企业可以提前做好资金规划，合理安排采购计划，确保有足够的货物供应。金融机构也能据此更合理地安排资金投放，提前准备好相应的资金额度，并根据商家的业务节奏合理安排放款时间，确保商家在最需要资金的时候能够及时获得，提高了资金调配的及时性与准确性，有效避免了因资金链断裂而导致的业务停滞风险。

（三）现金流预测与优化工具的应用

在当今竞争激烈的商业环境下，企业越发重视现金流管理，积极借助人工智能算法和数据分析模型等先进的现金流预测与优化工具，大力优化自身现金流状况，显著降低了资金闲置成本，提升了企业的资金使用效益。

人工智能算法具有强大的运算与分析能力，能够对企业内部复杂的财务数据、业务数据以及外部动态变化的市场环境数据等多源数据进行深入分析与复杂运算。通过建立先进且精准的预测模型，如时间序列分析模型、神经网络模型等，能够精确预测企业未来不同时间段的现金流入与流出情况。时间序列分析模型通过对企业历史现金流数据的时间序列特征进行分析，找出数据中的规律和趋势，从而预测未来现金流的变化。例如，企业过去几年每个月的销售收入呈现出一定的季节性波动规律，时间序列分析模型能够根据这一规律，结合当前的市场趋势和企业经营计划，预测未来每个月的销售收入情况，进而推算出相应的现金流入。神经网络模型则模拟人类大脑的神经元结构，通过对大量数据的学习和训练，建立起复杂的数据关系模型，能够更精准地预测现金流入与流出。它可以综合考虑多种因素，如市场需求变化、竞争对手动态、原材料价格波动等对企业现金流的影响，给出更具前瞻性和准确性的预测结果。

数据分析模型专注于对企业的资金收支结构进行深入剖析，帮助企业找出资金使用效率低下的环节。通过对企业各项资金支出的详细分析，如原材料采购、员工薪酬、设备维护等方面的支出情况，结合企业的业务流程和经营目标，评估各项支出的合理性和必要性。例如，通过分析发现企业在某些原材料采购环节存在付款周期过长的问题，导致大量资金长期闲置在供应商账户上，无法及时为企业创造价值。基于这些分析结果，企业可以调整采购策略，与供应商重新协商付款周期，优化付款方式，使资金得到更合理的运用。同时，利用这些工具还可以制订科学的资金储备计划。根据企业的业务特点、市场风险状况以及现金流预测结果，确定合理的资金储备规模，在保证企业正常运营资金需求的前提下，最大限度减少资金闲置，降低资金持有成本，提高资金使用效益。例如，企业通过分析预测到未来一段时间内市场需求相对稳定，资金流入较为平稳，且不存在重大投资项目，可适当降低资金储备量，将闲置资金用于短期投资或偿还债务，以获取更高的收益或减少利息支出。

二、融资成本降低的机制分析

（一）信用评估的精准化与风险定价的优化

在数字化供应链金融模式下，大数据和机器学习技术的应用使得对供应链上下游企业的信用状况评估更加精准，进而实现了风险定价的优化，有力地推动了企业融资成本的降低。传统信用评估方式往往依赖于企业有限的财务报表数据以及部分公开信息，评估结果具有一定局限性，难以全面准确反映企业真实信用状况。而大数据技术能够广泛收集企业多维度数据，包括企业的交易记录、物流信息、纳税情况、社交媒体口碑等海量数据。机器学习算法则对这些数据进行深度挖掘与分析，自动识别数据中的模式与规律，构建出更精准的信用评估模型。例如，通过分析企业在供应链中的交易频率、交易对手信用状况以及按时付款记录等信息，可以更准确地判断企业的还款意愿与还款能力。基于精准的信用评估结果，金融机构能够针对不同信用等级的企业制定差异化的融资利率，信用良好的企业可以获得更低的融资成本，实现了风险与收益的合理匹配，有效降低了企业整体融资成本。

（二）供应链金融产品的创新与多样化

为满足企业多样化的融资需求，数字化供应链金融积极推动供应链金融产品的创新与多样化发展。金融机构基于企业在供应链中的不同资产状况，开发出了基于应收账款、存货、预付款等多种资产的金融产品。对于拥有大量应收账款的企业，金融机构推出应收账款保理业务，企业将应收账款转让给金融机构，提前获得资金，缓解资金压力。在存货融资方面，企业可以将库存商品作为质押物向金融机构申请贷款，金融机构借助物联网等技术对质押存货进行实时监控，确保货物安全。针对企业的预付款需求，金融机构开展预付款融资业务，帮助企业解决因提前支付货款而产生的资金短缺问题。这些多样化的金融产品为企业提供了更多融资选择，企业可以根据自身实际情况选择最适合的融资方式，降低融资成本。例如，某服装制造企业在采购旺季面临预付款资金压力，通过选择预付款融资产品，以较低成本获得资金完成原材料采购，保证了生产的顺利进行，同时避免了因资金短缺而可能产生的高额成本。

（三）金融机构与企业合作模式的变革

数字化平台促使金融机构与企业之间的合作模式发生了深刻变革，显著降低了信息不对称，提高了融资效率，间接降低了企业融资成本。在传统模式下，金融机构与企业之间信息沟通不畅，金融机构难以全面了解企业经营状况、财务状况以及在供应链中的地位与作用，导致融资审批流程烦琐、效率低下，企业融资成本增加。而数字化平台搭建起了金融机构与企业之间的高效沟通桥梁，双方能够实时共享信息。企业可以通过平台向金融机构展示自身的业务数据、财务数据以及供应链交易信息等，金融机构则可以借助这些信息更全面、准确地评估企业风险，快速制订融资方案。例如，金融机构通过数字化平台实时获取企业的物流信息、销售订单执行情况等，对企业还款能力有更直观的判断，从而简化融资审批流程，缩短融资放款时间。这种紧密的合作模式降低了金融机构的运营成本，也使企业能够以更低成本、更便捷地获取融资资金。

三、资金流优化与融资成本降低的综合效应

（一）资金周转率的提升

1. 资金周转率的重要性

资金周转率在企业运营中占据关键地位，是衡量企业资金使用效率的核心指标。从本质上讲，资金周转的速度决定了企业在单位时间内利用同等资金能够开展业务活动的规模。当资金周转迅速时，意味着企业能够在更短时间内完成从原材料采购、产品生产制造、销售以及最终资金回笼的整个流程。例如，零售行业的一家店铺若能快速将进货资金转化为销售所得资金，并再次投入新的货物采购中，那么在一年时间内，其能够完成的交易次数就会增多，相对应地，获取利润的机会也大幅增加。这种高效的资金运转模式，使得企业在同等资金规模的支撑下，能够实现更多的业务量，进而提升企业的盈利能力。

2. 资金流优化对资金周转率的推动

在数字化供应链金融蓬勃发展的当下，其对资金流的优化从多个维度显著提升了企业资金周转率。数字化平台的资源整合发挥了关键作用。在传统供应链模式中，上下游企业之间资金供需信息存在较严重的不对称性，而数字化供应链金融平台的出现打破了这一僵局。它将供应链各环节的企业紧密连接在一起，实现了资金供需信息的实时共享。上游供应商能够清晰地展示自身应收账款的金额、账期以及对应的交易合同等详细信息，下游制造商也能明确呈现预付款项需求以及存货资金占用状况。通过平台内先进算法对这些海量信息的高效匹配，资金能够迅速流向最需要的企业环节，大大加快了资金在供应链中的流转速度。

信息透明化与精准的资金调配同样功不可没。区块链技术的应用确保了资金交易信息的真实性与完整性，其去中心化的特性使得所有参与方都能在特定权限下访问资金流信息，避免了信息被单一主体操控或篡改的风险。大数据技术则通过对企业内部财务数据、销售数据、采购数据以及外部市场环境数据等多源信息的深度挖掘与分析，构建出精准的资金流动模型。例如，在服装制造供应链中，大数据分析能够根据过往销售数据，精准预测某款服装在特定季节的销量，

进而指导企业合理安排原材料采购资金与生产资金，使资金在各个环节的使用更加及时、精准，减少了资金的闲置与浪费，提升了资金周转效率。

现金流优化工具的运用也为资金周转率的提升提供了有力支持。企业借助人工智能算法和数据分析模型，能够对未来不同时间段的现金流入与流出情况进行精确预测。时间序列分析模型通过对企业历史现金流数据的分析，找出其中的规律和趋势，从而预测未来现金流变化。以一家食品加工企业为例，其销售收入往往具有季节性波动特点，时间序列分析模型能够依据过往销售数据，结合当前市场趋势和企业经营计划，准确预测出每个月的销售收入，进而推算出相应的现金流入。企业基于这些预测结果，合理安排资金支出，优化采购、生产和销售等环节的资金分配，使资金在企业内部的循环流转更加顺畅、高效。

3. 资金周转率的提升对融资成本的影响

以一家电子产品制造企业为例，在未进行资金流优化前，从原材料采购到产品销售回款的周期长达 90 天。这意味着企业的资金被长时间占用在生产与销售环节，为了维持业务的持续开展，企业不得不频繁寻求外部融资，承担高额的融资成本。然而，通过数字化供应链金融实现资金流优化后，资金周转周期大幅缩短至 60 天。这一变化使得企业在同样的资金规模下，能够实现更多的销售额。原本需要通过大量外部融资来满足业务扩张需求的情况得到显著改善，企业对外部融资的依赖程度大幅降低。由于减少了外部融资的使用，企业支付的融资利息等成本也相应减少，从而间接实现了融资成本的降低。这种资金周转率提升与融资成本降低之间的良性循环，有力地促进了企业的健康发展。

（二）财务杠杆的合理运用

1. 财务杠杆的原理

财务杠杆是企业财务管理中的一项重要工具，其本质是企业利用债务融资来调节权益资本收益。当企业决定开展一项新的业务项目或扩大生产规模时，面临着自有资金不足的情况，此时便会考虑引入债务融资。债务融资的优势在于，企业只需按照约定向债权人支付固定的利息费用，而项目所产生的收益在扣除利息后，剩余部分归股东所有。当企业的投资回报率高于债务利息率时，适当增加债务融资比例，能够借助债务资金的杠杆作用，放大企业的盈利能力，从而提高股东权益回报率。

2. 融资成本降低与财务杠杆运用的关联

在融资成本较高的情况下，企业在运用财务杠杆时往往会有所顾虑。因为高额的融资成本意味着企业需要支付大量的债务利息，这会大幅压缩企业的利润空间。如果投资项目的收益未能达到预期，无法覆盖高额利息支出，企业将面临亏损风险，进而损害股东利益。然而，当数字化供应链金融发挥作用，使得企业融资成本降低时，情况发生了显著变化。较低的融资成本意味着企业支付的债务利息减少，在息税前利润不变的情况下，净利润会相应增加。此时，企业有更大的空间来合理增加债务融资规模。

3. 合理运用财务杠杆的案例分析

以某企业为例，在过去由于融资成本居高不下，企业为了控制财务风险，不敢过多使用债务融资，财务杠杆处于较低水平。这使得企业在面对一些投资机会时，因资金不足而不得不放弃，发展速度受到限制。在数字化供应链金融的助力下，企业融资成本显著降低。基于此，企业经过严谨的市场调研与项目评估，决定合理增加债务融资规模，并将这部分资金投入新的生产项目中。假设该项目投产后，产生的息税前利润高于债务利息支出，企业的净利润实现了显著增长。例如，项目投入运营前，企业息税前利润为 1000 万元，债务利息支出为 300 万元，净利润为 700 万元；项目投入运营后，息税前利润增长至 1500 万元，债务利息支出因融资成本降低及合理增加债务规模变为 400 万元，净利润则提升至 1100 万元。股东权益回报率大幅提高，股东价值得到有效提升。

同时，合理运用财务杠杆还对企业资本结构的优化产生积极影响。通过适当增加债务融资比例，企业能够调整股权与债权的构成比例，使资本结构更加合理。这种优化后的资本结构有助于增强企业在市场中的竞争力与抗风险能力。在面对市场波动或经济下行压力时，企业能够凭借合理的资本结构更好地应对挑战，保障企业的稳定发展。

第二节　信息流整合与决策质量提升

一、信息流整合的内涵与作用

（一）供应链各环节信息的互联互通

在传统供应链体系中，各环节企业犹如独立的个体，信息往往局限于企业内部，形成一个个“信息孤岛”。上下游企业间信息交流不畅，无法实现实时共享，导致供应链整体反应迟缓，难以适应快速变化的市场环境。而数字化技术的蓬勃发展，为打破这一困境提供了有力手段。借助先进的数字化平台，如企业资源计划系统、供应链管理系统等，供应链上下游企业得以紧密连接。从原材料供应商、生产商、分销商到零售商，各个环节的信息能够实时传递与交互。例如，在电子产品供应链中，原材料供应商可实时更新原材料库存及生产进度信息，生产商据此调整生产计划，同时将自身产品生产情况反馈给分销商，分销商再依据这些信息规划产品配送及销售策略。这种实时共享机制使得供应链各环节企业能够基于同一信息基础进行运作，极大地提升了供应链的协同效率，减少了因信息滞后导致的生产延误、库存积压或缺货等问题。

（二）数据共享与信息标准化的重要性

为确保信息在供应链各环节顺畅流通且有效利用，建立统一的数据标准和接口至关重要。不同企业由于业务特点、管理模式及信息化建设程度不同，所产生的数据格式、编码规则等存在差异。若缺乏统一标准，信息在传递过程中易出现误解、错误甚至无法识别的情况，严重影响信息的准确性和一致性。例如，在服装供应链中，不同供应商对服装尺码、颜色等描述可能各不相同，这给生产商的采购、生产以及零售商的销售带来极大困扰。通过制定统一的数据标准，如规定服装尺码的具体测量方法及对应编码、颜色的标准化名称及代码等，并建立通用的数据接口，使得各企业间数据能够无缝对接。这样一来，无论是在订单处理、库存管理还是物流配送等环节，信息都能准确无误地传递和理解，为企业决策提供了可靠依据。企业基于准确一致的信息进行分析和判断，能够有效避免因信息偏差导致的决策失误，提高决策的科学性和可靠性。

（三）信息流整合对企业决策支持的价值

信息流整合为企业决策提供了全面、及时且准确的信息支撑，使企业能够更深入地洞察市场动态、客户需求以及供应链自身运行状况。在市场动态方面，通过整合来自市场调研机构、行业协会、电商平台等多渠道信息，企业能够实时了解行业趋势、竞争对手动态以及市场需求变化。例如，食品企业通过分析社交媒体上消费者对各类食品口味、健康需求等讨论热度，结合电商平台销售数据，能够敏锐捕捉到新兴食品消费趋势，及时调整产品研发和市场推广策略。对于客户需求，企业借助数字化平台收集客户购买历史、偏好、反馈等信息，实现对客户需求的精准把握。以汽车制造企业为例，通过分析客户对汽车配置、颜色、功能等个性化需求信息，企业可开展定制化生产，提高客户满意度和市场竞争力。在供应链运行状况方面，整合后的信息流让企业清晰掌握原材料供应情况、生产进度、物流配送状态等。企业能够根据这些信息及时调整生产计划、优化物流路线，确保供应链高效稳定运行，从而作出更精准、更符合市场实际情况的决策。

二、决策质量提升的具体体现

（一）基于大数据分析的市场预测与需求管理

大数据分析工具在企业市场预测与需求管理方面发挥着关键作用。企业通过收集海量的市场数据，包括历史销售数据、市场趋势数据、消费者行为数据等，运用数据挖掘算法、机器学习模型等技术手段进行深度分析。例如，某家电企业利用时间序列分析模型对过去多年的销售数据进行分析，结合宏观经济数据、季节因素以及市场推广活动等变量，预测未来不同地区、不同产品型号的市场需求。基于精准的市场预测结果，企业能够优化生产计划，合理安排生产资源，避免过度生产或生产不足。在库存管理方面，通过分析销售数据的波动规律以及与库存水平的关联关系，企业采用经济订货批量模型等方法，科学确定安全库存水平和补货时机。例如，快消品企业借助大数据分析发现某些产品在特定节假日或促销活动期间需求会大幅增长，提前增加库存备货，同时在需求淡季合理控制库存，降低库存成本，提高库存周转率，实现了对市场需求的有效管理，提升了企业经济效益。

（二）风险预警与实时监控系统的应用

在复杂多变的市场环境下，供应链面临着诸多风险，如原材料供应中断、市场需求突变、物流运输延误等。风险预警与实时监控系统通过实时采集供应链各环节的关键风险指标数据，如供应商交货准时率、原材料价格波动、市场需求变化率、物流运输时间等，并运用预先设定的风险评估模型进行分析。一旦指标超出正常范围，系统立即发出预警信号。例如，在电子元器件供应链中，当某关键原材料供应商交货准时率连续低于一定阈值时，系统会自动发出预警，企业及时启动备用供应商寻找程序，或与现有供应商沟通协调，采取加急生产、空运等措施确保原材料供应。对于物流运输环节，通过实时监控系统，企业能够随时掌握货物运输位置、预计到达时间等信息。若发现运输时间超过正常时长一定比例，企业可及时与物流服务商沟通，调整运输路线或采取其他补救措施，降低因物流延误导致的风险损失，保障供应链的稳定运行。

（三）供应链协同决策机制的建立与优化

数字化供应链金融平台为供应链上下游企业之间建立协同决策机制提供了可能。在传统模式下，供应链各环节企业决策往往相对独立，缺乏有效的沟通与协调，容易出现决策冲突或不一致的情况。而通过数字化供应链金融平台，企业间能够实现信息实时共享与交互，共同参与决策过程。例如，在某大型工程项目供应链中，建筑材料供应商、建筑施工企业、工程设计单位等通过数字化供应链金融平台，共同对项目进度、材料采购计划、施工方案等进行讨论和决策。当施工过程中发现设计方案存在问题需要调整时，施工企业及时将信息反馈至平台，设计单位、材料供应商等相关方基于平台信息迅速参与讨论，共同制订解决方案，调整施工计划和材料采购计划。这种协同决策机制避免了因信息不对称导致的重复工作和决策失误，提高了决策效率，使决策结果更符合供应链整体利益，增强了供应链的协同性和竞争力。

三、信息流整合对财务决策的影响

（一）财务预算的精准化

财务预算是企业财务管理的重要环节，信息流整合对其精准化起到了积极推动作用。基于整合后的信息流，企业能够获取更全面、准确的业务数据。例如，销售部门提供的市场销售预测数据、生产部门的产能及成本数据、采购部门的原材料价格及采购计划数据等。企业财务部门利用这些详细信息，结合历史财务数据和市场趋势分析，运用预算编制模型，如零基预算、滚动预算等方法，更准确地制定财务预算。在制定收入预算时，参考市场销售预测数据，考虑不同产品、不同地区的销售增长趋势以及市场竞争因素，使收入预算更贴合实际市场情况。在成本预算方面，依据生产部门提供的原材料消耗、人工成本、设备折旧等详细数据，结合采购部门提供的原材料价格波动信息，精准计算各项成本费用。通过这种方式制定的财务预算，准确性大幅提高，在预算执行过程中，企业能够更好地监控和调整预算执行情况，确保企业财务目标的实现。

（二）投资决策的科学化

企业投资决策关系到企业的长期发展和战略布局，信息流整合有助于企业实现投资决策的科学化。通过对整合后的信息流进行数据分析，企业能够全面了解投资项目所处的行业环境、市场前景、技术发展趋势等信息。例如，在考虑投资某一新兴产业项目时，企业通过分析行业报告、市场调研数据以及相关技术专利信息，评估该产业的市场规模、增长潜力以及技术壁垒。同时，结合自身财务状况，包括资金储备、资产负债情况等，运用投资评估模型，如净现值法、内部收益率法等，对投资项目的风险与收益进行量化分析。通过科学的评估，企业能够判断投资项目是否符合自身发展战略，是否具有可行性和盈利性。例如，某企业在考虑投资建设新的生产基地时，通过详细分析市场需求增长趋势、原材料供应稳定性、劳动力成本等信息，运用投资评估模型计算出该项目的净现值和内部收益率，最终作出科学合理的投资决策，优化了企业投资组合，提高了企业投资效益。

第三节　物流协同与运营成本节约

一、物流协同的数字化转型

（一）物联网技术在供应链物流中的应用

物联网技术在供应链物流领域的广泛应用，极大地改变了传统物流运作模式。在货物运输过程中，借助物联网设备，如传感器、射频识别标签等，能够实现货物的实时跟踪与监控。每个货物或货箱上安装的射频识别标签，可存储货物的详细信息，包括名称、规格、数量、生产批次等。运输车辆、仓库以及物流枢纽等关键节点部署的传感器，能实时采集货物的位置、温度、湿度、震动等数据。这些数据通过无线网络实时传输至物流管理系统，物流管理人员可在系统界面上直观看到货物的动态位置和状态信息。例如，在冷链物流中，传感器实时监测货物运输过程中的温度，一旦温度超出规定范围，系统就会立即发出警报，提醒相关人员采取措施，确保货物质量安全。同时，基于对货物实时位置和运输状况数据的分析，物流企业能够运用路径优化算法，综合考虑交通路况、运输距离、运输时间等因素，为每一批货物规划出最优配送路径，避免因拥堵或不合理路线导致的运输延误和成本增加，显著提高物流配送效率和资源利用率。

（二）物流信息的实时跟踪与可视化管理

数字化平台为物流信息的实时跟踪与可视化管理提供了有力支撑。企业通过接入统一的数字化物流管理平台，将供应链各环节的物流信息进行整合与集中展示。从原材料采购的发货信息，到生产过程中的半成品运输情况，再到成品的仓储和配送状态，企业能够实时掌握物流全流程动态。在平台界面上，以直观的图表、地图等形式呈现物流信息，如货物的位置在电子地图上实时更新，运输车辆的行驶轨迹清晰可见，各环节的物流操作时间节点和状态一目了然。这种可视化管理方式，使得物流管理的透明度大幅提高。例如，电商企业可通过数字化平台实时跟踪商品从仓库发货到消费者手中的全过程，消费者也能通过电商平台查询订单物流信息，了解商品配送进度。对于企业物流管理人员而言，可视化的物流信息便于及时发现物流过程中的问题，如运输延误、货物损坏等，并迅速采取应对措施。同时，基于对物流信息的实时分析，企业能够优化物流资源配置，合理安排仓储空间和运输车辆调度，提高物流管理效率，降低运营成本。

（三）供应链物流的优化与整合策略

为降低物流成本，企业采取供应链物流的优化与整合策略。一方面，整合物流资源，对分散在供应链各环节的物流设施和设备进行统筹规划和管理。例如，多家企业共同出资建设共享仓库，共享仓库根据各企业的业务需求，合理分配仓储空间，统一安排货物存储和出入库操作。这样就避免了各企业单独建设仓库导致的资源闲置和浪费，提高了仓储设施的利用率。在运输资源整合方面，多家企业联合组建运输车队，或者与第三方物流企业合作，通过整合运输订单，实现整车运输，减少零担运输比例，降低单位运输成本。另一方面，优化物流网络布局。企业运用物流网络规划模型，结合市场需求分布、生产基地位置、交通基础设施等因素，对物流节点（如仓库、配送中心）的选址和规模进行优化。例如，在全国范围内，根据不同地区的市场需求规模和增长潜力，合理确定配送中心的数量和位置，使货物能够以最短的运输距离和最快的速度送达客户手中，减少运输里程和运输时间，降低物流成本。

二、运营成本节约的实现方式

（一）库存管理的优化与库存成本的降低

数字化技术在库存管理中发挥着关键作用，助力企业实现精准的需求预测和库存管理，有效减少库存积压和缺货损失。企业通过收集和分析大量的历史销售数据、市场趋势数据、客户订单数据以及季节因素等信息，运用大数据分析算法和机器学习模型，对未来市场需求进行精准预测。基于精准的需求预测，企业采用科学的库存管理方法，如经济订货批量模型、库存周转率分析等，确定合理的库存水平和补货时机。当库存水平降至预设的补货点时，系统自动触发补货流程，避免库存积压占用过多资金，同时防止因缺货导致的销售机会损失。此外，通过与供应商建立紧密的信息共享和协同机制，企业能够实现快速补货，进一步降低库存成本，提高企业资金使用效率。

（二）运输成本的控制与物流效率的提升

优化运输路线和运输方式是控制运输成本、提高物流效率的重要手段。企业利用地理信息系统和全球定位系统技术，结合实时交通数据和货物运输需求，为每一次运输任务规划最优路线。例如，物流企业通过分析车辆行驶轨迹数据和交通路况信息，发现某些路段在特定时间段经常拥堵，在规划路线时自动避开这些路段，选择更快捷的替代路线，减少运输时间和油耗。在运输方式选择上，企业综合考虑货物的性质、重量、运输距离、交货时间要求等因素，选择最合适的运输方式。对于距离较远、重量较大且对交货时间要求不是特别紧急的货物，优先选择铁路或水路运输，以降低运输成本；对于距离较近、重量较轻且对交货时间要求较高的货物，采用公路运输或航空运输。同时，通过合理配载，提高车辆的装载率，避免车辆空载或半载运输。例如，在同一运输路线上，将多个客户的货物进行合理搭配，充分利用车辆的载货空间，提高运输效率，降低单位运输成本。

（三）供应链协同采购与生产的成本节约

供应链协同采购与生产能够实现集中采购和协同生产，有效降低采购成本和生产成本。在协同采购方面，供应链上下游企业通过建立采购联盟或共享采购平台，整合采购需求，实现集中采购。由于采购规模增大，企业在与供应商谈判时具有更强的议价能力，能够争取到更优惠的采购价格和付款条件。例如，多家汽车零部件生产企业联合组成采购联盟，共同向原材料供应商采购钢材等原材料，通过集中采购，每吨钢材的采购价格可降低一定比例，从而降低了企业的采购成本。在协同生产方面，供应链各环节企业根据市场需求预测和订单信息，协同制订生产计划，实现生产资源的优化配置。例如，主机厂将生产计划信息实时共享给零部件供应商，供应商根据主机厂的生产进度，合理安排自身生产计划，按时、按量为主机厂提供零部件，避免了零部件供应商因生产计划不匹配导致的生产过剩或不足，减少了生产成本和库存成本。同时，通过协同生产，企业能够缩短产品生产周期，提高市场响应速度，增强企业竞争力。

三、物流协同对财务绩效的影响

（一）成本结构的优化

通过物流协同，企业能够对成本结构进行优化，显著降低运营成本，进而提升盈利能力。在物流协同过程中，企业通过优化物流网络布局、整合物流资源、降低库存水平、控制运输成本等一系列措施，减少了物流环节的各项费用支出。例如，共享仓库的建设和使用降低了仓储设施建设和运营成本，优化运输路线和运输方式减少了运输费用，精准的库存管理降低了库存持有成本和缺货成本。这些物流成本的降低直接减少了企业的运营成本总额。同时，物流协同促进了供应链上下游企业之间的紧密合作，提高了生产效率，降低了生产成本。例如，协同生产使得企业生产资源得到更合理配置，减少了生产过程中的浪费和延误，提高了生产效率，降低了单位产品的生产成本。成本结构的优化，使企业在销售收入不变的情况下，利润空间得以扩大，盈利能力得到提升。

（二）资产周转率的提升

优化物流管理对企业资产周转率的提升具有积极影响，进而提升企业资产运营效率。物流协同实现了货物的快速流转和高效配送，缩短了库存周转周期和生产周期。库存周转周期的缩短意味着企业库存资产的流动性增强，库存资产能够更快地转化为销售产品，实现资金回笼。例如，通过精准的需求预测和库存管理，企业库存周转次数从每年 4 次提高到 6 次，库存资产的使用效率大幅提高。生产周期的缩短使企业固定资产（如生产设备、厂房等）的利用率提高，单位时间内生产的产品数量增加，销售收入相应增长。资产周转率的提升，表明企业能够更有效地利用资产创造价值，提高了企业资产运营效率，增强了企业在市场中的竞争力和可持续发展能力。

第四节　市场拓展与收入增长

一、数字化供应链金融助力市场拓展的机制

（一）供应链上下游企业的协同合作与市场资源共享

1. 协同合作基础的搭建

在传统供应链模式下，上下游企业间往往各自为政，信息交流不畅，合作仅停留在基础的交易层面。数字化供应链金融平台的出现，改变了这一局面。平台利用先进的信息技术，构建起一个信息交互的枢纽，让供应链各环节企业能够便捷地共享信息。例如，汽车制造供应链中的零部件供应商，可通过平台实时向汽车制造商反馈原材料库存情况、生产进度等信息，汽车制造商也能及时将产品订单需求、市场动态等传递给供应商。这种信息的及时互通，为深度协同合作奠定了坚实基础。相关行业研究报告显示，实施数字化供应链金融平台的企业，上

下游信息沟通效率平均提升了 40% ～ 60%，为协同合作提供了有力支撑。

2．市场资源共享模式

通过数字化供应链金融平台，企业能够实现市场资源的共享。市场资源涵盖了客户资源、渠道资源、技术资源等多个方面。例如，在客户资源共享方面，一家主营电子产品的企业，其上游的零部件供应商可能掌握着一些特定领域客户的需求信息，而这些客户正是该电子产品企业想要拓展的目标群体，通过平台共享客户信息，该电子产品企业能够更精准地开展营销活动，拓展客户群体。在渠道资源共享上，下游的销售商拥有成熟的销售渠道，上游制造商可借助这些渠道，将产品更快地推向市场，扩大产品的市场覆盖范围。技术资源共享同样关键，当供应链中某一环节企业研发出新技术，可通过平台与上下游企业分享，提升整个供应链的技术水平，增强在市场中的竞争力。例如，在某智能家电供应链中，核心企业研发出新型节能技术后，通过供应链金融平台迅速分享给上下游企业。上游供应商改进生产工艺，提升了零部件的节能性能；下游销售商以此为卖点，拓展了高端市场客户，实现了整个供应链市场竞争力的提升。

3．拓展市场份额的成效

以某大型家电制造企业为例，借助数字化供应链金融平台，与上游的零部件供应商、下游的经销商紧密合作。供应商提供定制化的零部件，满足该家电企业产品创新需求，提升产品差异化竞争力。经销商利用自身广泛的销售网络，将该家电企业生产的产品推广到更广泛的区域，包括一些此前未覆盖的三、四线城市市场。根据该家电企业年度财报数据，通过上下游企业的协同合作与市场资源共享，该家电企业市场份额在一年内提升了 15%，成功在激烈的市场竞争中脱颖而出，拓展了市场版图。在 2023 年，其销售额同比增长 20%，达到了 150 亿元，净利润增长 25%，达到 18 亿元，充分显示出协同合作与资源共享对企业市场拓展和经营业绩的积极影响。

（二）基于数字化供应链金融的客户关系管理与客户拓展

1．增强客户黏性的举措

数字化供应链金融服务为企业提供了更多增强客户黏性的举措。对于下游客户，企业可利用数字化供应链金融中的应收账款融资服务，为客户提供更灵活的付款方式。例如，一家服装品牌企业为其下游的零售商提供应收账款融资，这些零售商在采购服装时，可选择延长付款周期，由该服装品牌企业通过数字化供应链金融平台向金融机构申请融资。这一举措既缓解了零售商的资金压力，又使该服装品牌企业能够维持销售规模，增强了双方的依赖度和忠诚度。

2. 新客户群体的挖掘

利用数字化供应链金融服务，企业能够挖掘新的客户群体。一些中小企业由于资金实力有限，在传统交易模式下可能被一些大型企业忽视。但通过数字化供应链金融的预付款融资、存货融资等服务，中小企业能够获得更多资金支持，参与到供应链交易中。例如，某农产品加工企业针对上游的农户推出存货融资服务，农户在农产品收获后，可将农产品作为质押物，通过供应链金融平台获得融资，用于下一季的农业生产投入。这一服务吸引了大量原本因资金问题难以持续生产的农户成为该农产品加工企业的稳定供应商，拓展了其上游客户群体。在农业领域，据相关农业产业研究报告，实施供应链金融服务的农产品加工企业，平均新增上游农户供应商数量达到 150 ～ 200 户，有效带动了农业产业链的协同发展。

3. 客户拓展的实际案例

某家具制造企业在引入数字化供应链金融服务后，针对下游经销商推出了“经销商扶持计划”，通过为经销商提供融资支持，帮助经销商扩大店面规模、改善店面装修，提升销售能力。这一举措不仅增强了现有经销商的忠诚度，还吸引了众多新的经销商加入。在一年时间内，该家具制造企业新增经销商 50 家，销售区域覆盖范围进一步扩大，成功拓展了市场客户群体，有了新的销售增长点。该企业在新经销商拓展区域的销售额同比增长了 30%，达到了 5000 万元，成为企业业绩增长的重要动力来源。

（三）数字化供应链金融创新产品与服务的市场吸引力

1. 多样化产品与服务开发

为满足不同客户的需求，供应链金融市场已开发出多样化的数字化供应链金融产品和服务。在应收账款类产品方面，除了传统的应收账款质押融资，还推出了应收账款保理、反向保理等创新产品。应收账款保理是指企业将应收账款转让给金融机构，金融机构为企业提供资金融通、应收账款管理等综合性服务；反向保理是由核心企业牵头，金融机构基于核心企业的信用，为其上游供应商提供应收账款融资服务。在存货类产品中，有存货质押融资、仓单质押融资等不同形式，企业可根据自身存货特点选择合适的融资方式。以某物流企业为例，其推出的仓单质押融资服务，允许客户以存储在其仓库中的货物仓单作为质押物获取融资，解决了客户因存货占用资金而导致的资金周转难题，深受中小企业客户欢迎。

2. 满足不同客户需求

不同规模、不同行业的客户对数字化供应链金融产品和服务的需求存在差异。大型企业资金需求量大、信用等级高，更倾向于综合性的数字化供应链金融解决方案，如供应链金融平台为其提供涵盖采购、生产、销售全流程的资金管理服务。中小企业则更关注融资的便捷性和成本，一些数字化供应链金融平台推出的线上化、小额化的融资产品，能够快速审批放款，满足中小企业资金周转需求。例如，某电商平台针对平台上的中小商家，推出了基于交易数据的小额信用贷款产品，商家无须抵押物，凭借良好的交易记录即可快速获得融资，解决了中小商家资金短缺的燃眉之急。据该电商平台统计数据，这个小额信用贷款产品推出后，平台上中小商家的资金周转效率平均提升了35%，店铺活跃度提高了20%，有效促进了平台交易规模的增长。

3. 提升市场竞争力的表现

例如，某化工企业通过开发一系列数字化供应链金融创新产品，提升了在市场中的竞争力。针对上游供应商，该企业推出了预付款融资服务，供应商在收到订单后，可凭借订单向金融机构申请融资，提前获得生产资金。这一服务吸引了更多优质供应商与其合作，保障了原材料的稳定供应。对于下游客户，该企业提供了分期付款和应收账款融资相结合的服务方案，客户在购买化工产品时，可选择分期付款，该企业则通过数字化供应链金融平台将应收账款转让给金融机构获得资金。这既满足了客户的资金需求，又提升了该企业产品的市场销量。据该企业市场部门数据，在推出创新服务模式后的半年内，企业产品市场销量增长了18%，市场份额提升了5个百分点，在化工行业市场中占据了更有利的竞争地位。

二、收入增长的驱动因素

（一）销售规模的扩大与市场份额的提升

1. 市场拓展带来销售规模扩大

通过积极的市场拓展策略，企业能够接触更广泛的客户群体，从而扩大销售规模。市场拓展包括开拓新的地理区域市场、进入新的客户细分市场等方式。例如，一家原本专注于国内市场的软件企业，通过市场调研发现海外某地区对其软件产品有较大需求。该企业通过参加国际软件展会、与当地经销商合作等方式，成功进入该海外市场。在进入市场的第1年，该企业的软件产品销售额就达到了500万元，随着市场推广的深入，后续几年销售额持续增长，销售规模不断扩大。根据该企业财务报表，在进入海外市场后的第3年，销售额增长至1500万元，同比增长200%，显示出市场拓展对销售规模增长的显著推动作用。

2. 市场份额提升的作用

市场份额的提升直接影响企业的收入增长。当企业在市场中占据更大份额时，意味着在同行业竞争中脱颖而出，能够获取更多的客户订单。例如，在智能手机市场，某品牌手机通过不断提升产品性能、优化售后服务，并借助数字化供应链金融提供的资金支持，加大市场推广力度，市场份额从10%提升至15%。随着市场份额的增加，该品牌手机销量大幅增长，销售收入也实现了显著增长，从原来的年度收入50亿元增长至80亿元。据市场研究机构IDC数据，在智能手机行业，市场份额每提升1个百分点，企业平均销售收入增长8%～10%，充分体现了市场份额提升对收入增长的重要性。

3. 实际增长案例分析

某快消品企业通过拓展三、四线城市及农村市场，实现了销售规模的扩大与市场份额的提升。该企业利用数字化供应链金融优化物流配送环节，降低物流成本，确保产品能够及时送达偏远地区的销售网点。同时，针对不同地区消费者的消费习惯，推出差异化的产品包装和促销活动。经过两年的市场拓展，该企业在三、四线城市及农村市场的销售额增长了80%，市场份额从5%提升至12%，带动企业整体收入增长了50%，成为企业收入增长的重要驱动力。该企业在三、四线城市及农村市场的成功拓展，使其年度净利润从原来的8000万元增长至1.2亿元，同比增长50%，有力地提升了企业的盈利能力。

（二）新业务模式的探索与收入结构的优化

1. 新业务模式探索路径

数字化供应链金融为企业探索新业务模式提供了契机。企业可以基于数字化供应链金融平台，开展数字化供应链金融增值服务，如提供供应链风险管理咨询、供应链金融信息服务等。例如，一家物流企业利用自身在供应链物流环节积累的数据优势，为上下游企业提供供应链风险评估报告，帮助企业识别和防范供应链中的风险。物流企业通过收取咨询服务费用，开拓了新的收入来源渠道。据物流行业相关报告，开展此类增值服务的物流企业，新业务收入在一年内平均占企业总收入的5%～8%，为企业收入增长注入了新动力。

2. 收入结构优化的意义

优化收入结构有助于提升企业收入质量，降低对单一业务收入的依赖。传统企业可能主要依赖产品销售获取收入，面临市场波动时，收入稳定性较差。通过探索新业务模式，企业可以增加多元化的收入来源。例如，一家传统的制造业企业，在引入数字化供应链金融后，除产品销售收入外，还通过开展供应链金融服务，为上下游企业提供融资解决方案，获取金融服务收入。金融服务收入占企业总收入的比例从最初的5%逐渐提升至20%，有效优化了企业收入结构，增强了企业应对市场风险的能力。当市场出现产品销售下滑时，该企业凭借金融服务收入的稳定增长，保持了整体收入的平稳，避免了业绩的大幅波动。

3. 业务模式创新案例

某电商平台企业在数字化供应链金融的支持下，探索出了“电商平台＋供应链金融”的创新业务模式。平台不仅为商家提供商品销售渠道，还依托平台交易数据，为商家提供数字化供应链金融服务，如订单融资、库存融资等。商家在平台上的交易数据成为金融机构评估融资风险的重要依据，使得融资流程更加便捷高效。这一创新业务模式，增加了平台对商家的吸引力，提升了平台的交易量，为平台带来了新的金融服务收入。平台的金融服务收入从最初的年度收入1000万元增长至5000万元，占平台总收入的比例从10%提升至20%，实现了收入结构的优化和收入质量的提升。据平台内部数据，该创新业务模式推出后，平台商家入驻数量增长了30%，平台整体交易规模增长了40%，充分显示出创新业务模式对平台发展的积极影响。

（三）数字化供应链金融收益对企业收入的补充

1. 参与数字化供应链金融业务的收益形式

企业参与数字化供应链金融业务能够获得多种形式的收益。一方面，企业可以通过提供数字化供应链金融服务，收取服务费用。例如，核心企业利用自身信用优势，为上下游企业提供担保融资服务，从中收取一定比例的担保费用。另一方面，企业在参与数字化供应链金融业务过程中，通过优化资金流、降低资金成本，间接增加了企业收益。如企业通过开展应收账款保理业务，提前获得资金，减少了资金占用成本，相当于增加了企业的隐性收入。以某核心制造企业为例，其为上游供应商提供担保融资服务，每年收取的担保费用达到500万元，同时通过应收账款保理业务，每年减少资金占用成本300万元，有效增加了企业收益。

2. 对企业收入的提升效果

数字化供应链金融的收益对企业收入的补充作用显著。以一家大型制造业企业为例，该企业为其上游供应商提供应收账款融资服务，每年收取的服务费用达到1000万元。同时，通过优化自身资金流，降低资金成本500万元。这两项收益合计为企业增加了1500万元的收入，占企业年度总收入的5%，有效提升了企业的收入水平。根据该企业年度财务报告，在开展供应链金融业务后的3年内，企业总收入平均每年增长8%，净利润平均每年增长10%，显示出供应链金融收益对企业整体经营业绩的积极推动作用。

3. 收益增长案例分析

某农业产业化龙头企业，在参与数字化供应链金融业务后，收益得到快速增长。企业为下游农产品经销商提供预付款融资服务，经销商通过支付一定的融资利息获取资金用于采购农产品。随着业务规模的扩大，企业数字化供应链金融服务的收入逐年增长。第 1 年服务收入为 300 万元，到第 3 年增长至 1000 万元。同时，企业通过优化自身资金流，降低了融资成本 800 万元。供应链金融业务带来的直接和间接收益，为企业收入增长作出了重要贡献，使企业在农业行业中保持了良好的盈利水平。该企业在农业行业市场份额逐年提升，从最初的 8% 增长至 12%，进一步巩固了其在行业中的领先地位。

三、市场拓展对财务绩效的长期影响

（一）可持续收入增长的实现

1. 市场拓展与收入结构优化的协同

市场拓展与收入结构优化相互协同，共同推动企业实现可持续收入增长。通过市场拓展，企业能够不断扩大销售规模，开拓新的收入来源渠道。而收入结构优化则使企业收入更加多元化，降低了单一市场或业务对收入的影响。例如，一家互联网企业在拓展市场过程中，不仅通过扩大用户规模提升了广告收入，还通过推出付费会员服务、开展电商业务等方式，优化了收入结构。广告收入、会员收入、电商收入相互补充，在不同市场环境下都能为该企业提供稳定的收入来源，保障了企业收入的持续增长。根据该互联网企业财务数据，在过去 5 年中，广告收入年均增长 15%，会员收入年均增长 20%，电商收入年均增长 30%，企业总收入年均增长率达到 20%，实现了可持续的高速增长。

2. 长期收入增长的保障

持续的市场拓展和合理的收入结构优化，为企业长期收入增长提供了有力保障。企业通过不断创新产品和服务，满足市场变化的需求，保持在市场中的竞争力，从而持续获取收入。例如，某科技企业持续投入研发，推出一系列创新产品，并通过市场拓展将产品推向全球市场。同时，该企业优化收入结构，除了产品销售收入外，还通过技术授权、售后服务等获取收入。这种多元化的收入结构和持续的市场拓展，使该企业在过去10年间，收入保持了年均15%的增长速度，实现了可持续的收入增长，提升了企业价值。据相关行业研究机构评估，该科技企业的市场价值在过去10年增长了5倍，从最初的50亿元增长至250亿元，成为行业内的领军企业。

3. 企业价值提升案例

某新能源汽车制造企业，通过积极拓展国内外市场，与多家汽车经销商建立合作关系，汽车销量逐年攀升。同时，该企业不断优化收入结构，除汽车销售收入外，还通过电池租赁、售后服务、智能驾驶技术授权等业务获取收入。随着该企业市场份额的扩大和收入结构的优化，企业收入持续增长，从最初的年收入10亿元增长至100亿元；企业价值也得到大幅提升，在资本市场上的市值从50亿元增长至500亿元，成为新能源汽车行业的领军企业。根据市场研究机构数据，该企业在新能源汽车市场的份额从最初的3%增长至15%，品牌知名度和美誉度大幅提升，进一步推动了企业的市场拓展和收入增长，形成了良性循环。

（二）品牌价值与市场影响力的提升

1. 市场拓展对品牌价值的塑造

在市场拓展过程中，企业产品和服务接触更广泛的客户群体，有助于提升品牌知名度和美誉度，塑造品牌价值。当企业进入新的市场区域或客户细分市场时，通过优质的产品和服务，在客户心中树立良好的品牌形象。例如，一家高端化妆品企业通过市场拓展，进入国际市场。该企业在国际市场上举办产品发布会、参加时尚展会，展示产品的高品质和独特配方，吸引了众多国际消费者的关注。通过持续的市场推广与品牌建设，该企业在国际市场的品牌知名度逐年提升，品牌价值也随之增加。在进入国际市场的前3年，品牌价值从30亿元增长至50亿元，增长率达到66．7%。其产品在国际高端化妆品市场的份额从1%提升至3%，成功在国际市场站稳脚跟，树立了良好的品牌形象。

2. 市场影响力的扩大

随着品牌价值的提升，企业在市场中的影响力也不断扩大。企业能够在行业标准制定、市场价格话语权等方面发挥更大作用。例如，某大型家电企业在市场拓展过程中，凭借优质的产品和良好的品牌形象，市场份额不断扩大。该企业在行业内的影响力日益增强，参与了多项家电行业标准的制定，对市场价格也具有一定的引导作用。当市场上同类产品供大于求，价格竞争激烈时，该企业凭借强大的市场影响力，通过优化产品结构、推出高端差异化产品等方式，稳定了自身产品价格，并带动了行业内中高端产品价格的稳定，避免了恶性价格竞争，维护了行业的健康发展。此外，该企业还积极参与行业协会活动，与上下游企业共同推动产业升级，在行业发展方向的决策上拥有了更多的话语权，进一步巩固了其在市场中的领先地位。

3. 品牌与影响力提升案例

某运动品牌企业通过一系列市场拓展活动，包括赞助国际体育赛事、签约知名运动员等，提升了品牌在全球范围内的知名度和影响力，品牌价值从最初的50亿元增长至200亿元。随着品牌价值的提升，该企业在运动鞋服市场中的市场份额从10%提升至20%，成为全球知名的运动品牌。该企业在行业内的话语权不断增强，能够主导一些产品技术标准的制定，对市场价格也具有较强的影响力。例如，该企业研发出一种新型透气面料，并将其应用于运动鞋产品中。凭借其在市场中的影响力，这种面料的相关技术标准被纳入行业标准，成为运动鞋透气性能的重要衡量指标。同时，该企业的产品价格在市场中也具有标杆作用，其推出的新品往往能够引领行业价格趋势，中高端产品价格保持稳定增长，进一步提升了企业盈利能力和市场地位，为企业长期稳定发展创造了有利条件。

第五节 风险管理与财务稳定性增强

一、数字化供应链金融的风险管理框架

（一）信用风险的识别与评估

1. 大数据技术的运用

在数字化供应链金融环境下，大数据技术成为识别与评估信用风险的关键手段。数字化供应链金融涉及众多上下游企业，各企业的经营状况、财务情况、交易记录等信息纷繁复杂。大数据技术能够对海量数据进行收集与整合，这些数据来源广泛，涵盖企业的财务报表数据、在供应链平台上的交易数据、与其他合作伙伴的往来数据以及行业相关的宏观经济数据等。通过对这些多源数据的深度挖掘与分析，能够全方位勾勒出企业的运营轮廓。例如，从企业财务报表数据中，可以分析其资产规模、负债水平、盈利能力、偿债能力等关键财务指标；借助数字化供应链金融平台交易数据，能够了解企业的交易频率、交易对手的稳定性、付款及时性等信息。通过综合分析这些数据，能够精准判断企业的信用状况，识别潜在的信用风险点。

2. 人工智能技术的助力

人工智能技术在信用风险评估中发挥着重要作用。它运用先进的算法模型，对大数据分析得出的结果进行进一步处理与预测。常见的人工智能算法包括机器学习中的决策树算法、神经网络算法等。这些算法能够对大量历史数据进行学习，建立起精准的信用风险评估模型。以神经网络算法为例，它能够模拟人类大脑神经元的工作方式，通过对海量企业信用数据的学习，不断优化模型参数，使其能够准确识别企业信用风险特征。当新的企业数据输入时，模型能够快速运算，给出该企业的信用风险评估结果，判断其违约可能性的高低。这种基于人工智能技术的信用风险评估方式，相较于传统的评估方法，具有更高的准确性和效

率，能够更及时、精准地识别出供应链上下游企业的信用风险。

3. 动态评估机制

数字化供应链金融下的信用风险评估并非一劳永逸，而是建立了动态评估机制。供应链中的企业经营状况会随着市场环境、行业竞争态势等因素不断变化，其信用风险也随之动态改变。因此，需要持续跟踪企业的各类数据变化情况，实时更新信用风险评估结果。例如，当企业所在行业出现重大技术变革，可能影响其市场竞争力和盈利能力时，大数据系统会及时捕捉到相关数据变化，如企业研发投入增加、市场份额波动等信息，并将这些新数据输入人工智能信用风险评估模型中。模型经过重新运算，会对企业的信用风险评估等级进行调整，以便金融机构和供应链核心企业能够根据最新的信用状况，合理调整业务策略，降低因企业信用风险变化带来的潜在损失。

（二）市场风险与操作风险的防控

1. 风险预警系统的构建

为有效防控市场风险与操作风险，企业有必要构建相对完善的风险预警系统。该系统依托先进的信息技术，实时收集和分析与市场风险和操作风险相关的各类数据指标。对于市场风险，系统会关注宏观经济数据（如利率波动、汇率变动、通货膨胀率等）和行业市场数据（如产品价格走势、市场需求变化、竞争对手动态等）的变化，通过对这些市场数据的实时监测与分析，运用专业的风险评估模型，能够提前预测市场风险的发生可能性及影响程度。一旦风险指标达到预设的预警阈值，系统会立即发出警报，提醒企业相关部门采取应对措施。例如，当风险预警系统监测到某类原材料价格在短时间内出现大幅上涨趋势，且超过了企业设定的价格风险预警线时，系统会及时向采购部门和风险管理部门发出警报，促使企业考虑调整采购策略，如提前锁定采购价格、寻找替代原材料等，以降低因原材料价格上涨带来的成本增加风险。

2. 实时监控机制

除了风险预警系统，实时监控机制也是防控市场风险与操作风险的重要手段。在操作风险防控方面，实时监控系统对企业内部供应链金融业务流程的各个环节进行全方位监控。从业务申请、审核、放款到后续的资金回收等环节，都有相应的监控指标和流程规范。例如，在业务审核环节，监控系统会对审核人员的操作行为进行实时记录与分析，确保审核流程符合规定，避免人为违规操作导致的风险。同时，对资金流向进行实时监控，确保资金按照合同约定的用途使用，防止资金挪用等风险事件发生。在市场风险防控中，实时监控机制能够对企业在市场中的各类交易行为进行动态跟踪，如企业在金融市场上进行套期保值交易时，实时监控系统会密切关注交易的执行情况、市场价格变动对交易头寸的影响等，以便及时调整交易策略，防范市场风险。

3. 防控措施的协同运作

风险预警系统与实时监控机制并非孤立运行，而是相互协同，共同发挥防控市场风险与操作风险的作用。当风险预警系统发出警报后，实时监控机制能够迅速聚焦于相关风险点，对风险事件的发展态势进行更精准的跟踪与分析。例如，当市场风险预警系统提示某产品市场需求出现急剧下降趋势时，实时监控机制会立即对企业的生产、库存、销售等环节进行更细致的监控，收集详细数据，为企业制定应对策略提供依据。企业可以根据实时监控反馈的数据，及时调整生产计划，减少产品库存积压；优化销售策略，拓展新的市场渠道，以应对市场需求变化带来的风险。同时，风险预警系统也会根据实时监控提供的最新数据，对风险评估结果进行动态调整，确保风险防控措施的有效性和及时性。

（三）风险预警与应急处理机制

1. 完善的风险预警机制

风险预警机制是企业风险管理的第一道防线。它不仅包括对信用风险、市场风险和操作风险的预警，还涵盖了对其他可能影响供应链金融稳定运行的风险因素的监测与预警。风险预警机制通过设定一系列科学合理的风险指标和预警阈值，对供应链金融业务进行全方位、实时的风险监测。这些风险指标涉及企业财务状况、市场环境、行业动态、操作流程等多个方面。例如，在财务状况方面，设置资产负债率、流动比率、应收账款周转率等指标；在市场环境方面，关注利率、汇率、大宗商品价格等指标；在操作流程方面，监控业务处理时间、错误率等指标。当这些指标偏离正常范围并达到预警阈值时，风险预警机制会通过多种方式发出警报，如短信提醒、系统弹窗提示等，确保企业相关人员能够及时知晓风险状况。

2. 应急处理机制的建立

为了有效应对突发风险事件，企业建立了完善的应急处理机制。应急处理机制包括明确的应急处理流程、责任分工和资源调配方案。一旦风险事件发生，应急处理机制立即启动。首先，根据风险事件的类型和严重程度，确定相应的应急处理流程。例如，对于信用风险事件，如某供应商出现违约无法按时交货，应急处理流程可能包括立即与备用供应商联系，调整生产计划；同时，启动对违约供应商的追讨程序，减少损失。在责任分工方面，明确各部门在应急处理中的职责。风险管理部门负责统筹协调应急处理工作，制定应对策略；采购部门负责寻找替代供应商或调整采购计划；财务部门负责评估风险事件对企业财务状况的影响，并提供资金支持等。在资源调配方面，企业会预先储备一定的应急资源，如资金、物资等，以确保在风险事件发生时能够迅速调配资源，有效应对危机。例如，企业设立了应急资金池，当出现资金周转困难等风险事件时，能够及时从资金池中调配资金，维持企业的正常运营。

3. 演练与优化

为了确保风险预警与应急处理机制的有效性，企业会定期组织演练。演练模拟各种可能出现的风险场景，如市场价格剧烈波动、重大操作失误、供应商破产等，检验风险预警系统的准确性和应急处理机制的可操作性。在演练过程中，各部门按照既定的应急处理流程进行操作，记录处理过程中出现的问题和不足。演练结束后，企业会对演练结果进行总结分析，针对发现的问题对应急处理机制进行优化完善。例如，通过演练发现某部门在应急处理过程中信息传递不及时，导致决策延误，企业会优化信息沟通流程，明确信息传递的责任人和时间节点，提高应急处理效率。通过不断的演练与优化，风险预警与应急处理机制能够更好地适应复杂多变的市场环境，及时应对各类突发风险事件，降低企业损失。

二、财务稳定性增强的体现

（一）资产负债结构的优化

1. 风险管理对资产结构的调整

有效的风险管理促使企业对资产结构进行合理调整。在数字化供应链金融模式下，企业通过对信用风险、市场风险等的精准识别与评估，能够更清晰地了解自身资产的质量和风险状况。例如，对于信用风险较高的应收账款资产，企业可以采取应收账款保理等方式，将其转让给金融机构，提前收回资金，减少资金占用，同时降低因应收账款无法收回而导致的坏账风险。这样一来，企业的流动资产结构得到优化，资金的流动性增强。此外，企业在投资决策过程中，会充分考虑风险管理因素。对于市场风险较大的投资项目，企业会谨慎评估其风险与收益，避免盲目投资。如果项目风险过高，企业可能会选择放弃投资，或者通过与其他企业合作、引入战略投资者等方式，分散投资风险，优化资产结构。通过这些措施，企业能够将资产配置到更具稳定性和盈利能力的领域，提高资产质量，增强财务稳定性。

2. 风险管理对负债结构的优化

风险管理同样对企业的负债结构产生积极影响。企业在进行融资决策时，会综合考虑不同融资方式的风险与成本。通过对市场风险的监测与分析，企业能够把握市场利率、汇率等因素的变化趋势，选择合适的融资时机和融资方式。例如，当市场利率处于较低水平时，企业可以增加长期债务融资的比例，锁定较低的融资成本，优化负债的期限结构。同时，企业会合理控制负债规模，避免过度负债导致财务风险过高。通过对信用风险的管理，企业能够提升自身信用评级，降低融资成本。信用评级较高的企业在融资时能够获得更优惠的利率条件，从而降低利息支出，优化负债成本结构。此外，企业还可以通过多元化的融资渠道来优化负债结构，如除了银行贷款，还可以利用债券融资、供应链金融融资等方式，降低对单一融资渠道的依赖，增强财务稳定性。

3. 资产负债结构优化的综合效果

资产负债结构的优化对企业财务稳定性具有显著的提升作用。优化后的资产结构使企业资产的流动性增强，能够更好地应对市场变化和突发风险事件。例如，在市场需求出现波动时，企业可以迅速调整生产和销售策略，利用流动性较强的资产满足资金需求，维持企业正常运营。合理的负债结构则降低了企业的财务风险，减少了因利率波动、债务到期集中等因素导致的偿债压力。稳定的资产负债结构为企业的长期发展提供了坚实的财务基础，使企业能够在复杂多变的市场环境中保持稳定的经营状态，提升盈利能力和抗风险能力，进而增强财务稳定性。

（二）现金流的稳定与可持续性

1. 优化资金流对现金流的保障

数字化供应链金融通过优化资金流，为企业现金流的稳定与可持续性提供了有力保障。在供应链金融平台上，通过对上下游企业资金需求与供给的精准匹配，实现了资金的高效流转。例如，上游供应商在面临资金周转困难时，可以通过数字化供应链金融平台获得应收账款融资，提前收回资金，加快资金回笼速度。下游企业在采购环节，可以利用数字化供应链金融提供的预付款融资等服务，合理安排资金支付，确保生产经营活动的顺利进行。这种资金流的优化使企业在供应链各环节的资金使用更加合理、高效，减少了资金闲置和资金短缺的情况，保障了企业日常经营活动的现金流稳定。同时，通过对资金流的实时监控与预测，企业能够提前做好资金规划，应对可能出现的资金波动，确保现金流的可持续性。

2. 风险管理对现金流稳定性的增强

风险管理在维护企业现金流稳定性方面发挥着重要作用。在市场风险防控方面，当企业面临市场价格波动、需求变化等风险时，通过风险预警系统和实时监控机制，能够及时调整经营策略，降低市场风险对现金流的影响。例如，当市场价格下跌导致企业产品销售收入减少时，企业可以通过削减不必要的开支、优化生产流程等方式，降低成本，维持现金流稳定。在信用风险管控方面，通过对上下游企业信用风险的严格评估与管理，减少了因客户违约导致的应收账款无法收回的情况，保障了企业的现金流入。此外，在操作风险防控方面，避免了因内部操作失误导致的资金损失，确保了现金流的安全。通过全方位的风险管理，企业能够有效应对各类风险事件，保障现金流的稳定与可持续性，提升财务稳定性。

3. 现金流稳定与可持续性的重要意义

稳定且可持续的现金流是企业生存与发展的基石。它为企业的日常生产经营活动提供了必要的资金支持，确保企业能够按时支付原材料采购款、员工工资、设备维护费用等各项费用，维持企业的正常运转。同时，稳定的现金流使企业在面对市场机遇时，能够有足够的资金进行投资和扩张，推动企业发展壮大。在经济环境不稳定或行业竞争激烈时，可持续的现金流能够增强企业的抗风险能力，帮助企业渡过难关。例如，在经济下行时期，许多企业因现金流断裂而陷入困境，而拥有稳定现金流的企业则能够凭借自身优势，逆势而上，通过并购、拓展市场等方式实现进一步发展。因此，现金流的稳定与可持续性对于企业的财务稳定性和长期发展具有至关重要的意义。

（三）企业抗风险能力的提升

1. 数字化供应链金融风险管理机制的作用

数字化供应链金融的风险管理机制从多个维度提升了企业的抗风险能力。通过信用风险的识别与评估，企业能够提前筛选出信用状况良好的合作伙伴，降低因合作方违约带来的风险。在市场风险防控方面，风险预警系统和实时监控机制使企业能够及时掌握市场动态，提前调整经营策略，应对市场价格波动、需求变化等风险。操作风险防控机制则保障了企业内部业务流程的规范运作，减少因人为失误、系统故障等操作风险导致的损失。例如，在面对原材料价格大幅上涨的市场风险时，企业通过风险预警系统提前得知价格变动趋势，及时与供应商协商调整采购价格，或者寻找替代原材料，降低了成本增加的风险。同时，通过优化内部操作流程，提高了采购效率，进一步增强了企业应对市场风险的能力。

2. 财务稳定性增强对抗风险能力的强化

资产负债结构的优化、现金流的稳定与可持续性等财务稳定性增强的表现，进一步强化了企业的抗风险能力。优化后的资产负债结构使企业的财务状况更加稳健，偿债能力增强，能够更好地应对债务风险。稳定的现金流为企业提供了持续的资金支持，使企业在面临突发风险事件时，有足够的资金进行应对。这样，当企业遭遇不可抗力因素导致部分生产设备损坏时，稳定的现金流能够确保企业有资金及时修复设备，维持生产运营，避免因生产停滞带来的更大损失。此外，财务稳定性的增强也提升了企业的信用评级，使企业在融资、合作等方面更具优势，能够获取更多的资源来应对风险，进一步增强了企业的抗风险能力。

3. 提升抗风险能力的长期影响

企业抗风险能力的提升对其长期发展具有深远影响。在复杂多变的市场环境中，具备较强抗风险能力的企业能够更加从容地应对各种风险挑战，保持稳定的经营状态。这种稳定性有助于企业树立良好的市场形象，增强客户、供应商、投资者等利益相关者对企业的信心。稳定的经营和良好的市场形象又进一步促进了企业的业务拓展和合作机会的增加，推动企业持续发展。例如，一家抗风险能力强的企业在面对行业竞争加剧时，能够通过优化产品结构、提升服务质量等方式，巩固市场地位，吸引更多客户，实现业务增长。长期来看，企业抗风险能力的提升为其实现可持续发展奠定了坚实基础，有助于企业在激烈的市场竞争中立于不败之地。

三、风险管理对企业财务战略的影响

（一）财务战略的调整与优化

1. 基于风险评估的战略调整

企业的财务战略制定与调整需要充分考虑风险管理因素。通过对信用风险、市场风险、操作风险等各类风险的全面评估，企业能够清晰地认识到自身面临的风险状况和财务状况。基于这些风险评估结果，企业会对财务战略进行相应调整。例如，如果企业评估发现自身在应收账款管理方面存在较高的信用风险，可能会调整销售信用政策，缩短客户付款周期，加大应收账款催收力度，以降低信用风险。在投资战略方面，如果市场风险评估显示某一行业投资风险过高，企业可能会调整投资方向，减少对该行业的投资，转而投向风险相对较低、收益更稳定的领域。在融资战略上，若企业面临较高的市场利率风险，可能会调整融资结构，增加股权融资比例，减少债务融资规模，以降低财务风险。通过这些基于风险评估的财务战略调整，企业能够更好地应对风险，优化资源配置，提升企业竞争力。

2. 风险管理与资源配置优化

风险管理促使企业对资源进行更合理的配置。在资源有限的情况下，企业需要根据风险状况和收益预期，将资源分配到最具价值的业务领域和项目中。通过对风险的识别与评估，企业能够确定哪些业务或项目风险较低、收益稳定，哪些风险较高但潜在收益也较大。例如，对于风险较低、现金流稳定的核心业务，企业可以加大资源投入，巩固市场地位，提升盈利能力；对于风险较高但具有创新性和发展潜力的新兴业务，企业可以在控制风险的前提下，适度投入资源进行培育和发展。同时，企业在资源配置过程中，会考虑风险管理成本。对于风险较高的业务或项目，可能需要投入更多的风险管理资源，如加强风险监测、制定风险应对预案等。通过综合考虑风险与收益、风险管理成本与效益，企业能够实现资源的优化配置，提高资源利用效率，实现企业价值最大化。

3. 战略灵活性的提升

风险管理有助于提升企业财务战略的灵活性。在复杂多变的市场环境中，企业面临的风险因素不断变化，财务战略需要具备一定的灵活性，以便及时适应风险变化和市场需求。通过建立完善的风险预警与应急处理机制，企业能够对风险事件作出快速响应，及时调整财务战略。例如，当市场出现突发重大变化，如行业政策调整、竞争对手推出颠覆性产品等，风险预警系统会及时发出警报，企业根据预先制定的应急处理预案，迅速调整财务战略。可能会加快资金回笼，调整投资计划，暂停一些高风险项目，将资源集中于核心业务或具有发展潜力的新业务领域。这种基于风险管理的财务战略灵活性，使企业能够更好地应对不确定性，在市场竞争中占据主动地位，提升企业竞争力。

（二）长期财务健康与可持续发展

1. 风险管理保障财务健康

完善的风险管理体系是企业长期财务健康的重要保障。通过有效防控信用风险，企业能够确保应收账款的及时收回，减少坏账损失，维护良好的资产质量和现金流状况。对市场风险的精准把握与应对，使企业能够避免因市场价格波动、需求变化等因素导致的重大财务损失，保持稳定的盈利能力。操作风险的防控则保障了企业内部运营的顺畅，避免因内部管理不善造成的资金浪费和损失。例如，一家企业通过严格的信用风险管理，将应收账款坏账率控制在较低水平，保证了资金的稳定流入；通过对市场风险的有效管理，在原材料价格大幅波动的情况下，依然能够保持产品的合理利润空间。这些都有助于企业维持良好的财务状况，保障长期财务健康。

2. 风险管理促进可持续发展

风险管理为企业的可持续发展奠定了坚实基础。在企业发展过程中，会面临各种内外部风险挑战，如果不能有效应对，可能会阻碍企业的发展甚至导致企业陷入困境。通过实施全面的风险管理，企业能够提前识别和应对潜在风险，降低风险对企业发展的负面影响。例如，在技术创新方面，企业可能面临研发失败、技术替代等风险，通过风险管理，企业可以合理安排研发资金，加强技术研发过程中的风险监测与控制，提高研发成功率，推动企业技术创新和产品升级，促进企业可持续发展。在市场拓展方面，风险管理能够帮助企业评估新市场的风险与机遇，制定合理的市场进入策略，降低市场拓展风险，实现企业市场份额的稳步扩大和业务的持续增长。

3. 实现股东价值最大化

长期财务健康和可持续发展最终体现为股东价值的最大化。通过有效的风险管理，企业能够保持稳定的盈利能力和良好的财务状况，提升企业的市场价值。稳定的经营业绩和增长潜力使企业在资本市场上更具吸引力，能够获得更高的估值，为股东带来丰厚的回报。一家注重风险管理的企业，其股票在资本市场上往往具有较高的市盈率，股东能够通过股票价格上涨和分红获得更多收益。同时，企业的可持续发展也为股东提供了长期的投资保障，增强了股东对企业的信心，促进企业长期稳定发展，进一步实现股东价值最大化。

第五章

数字化供应链金融在企业财务绩效中的应用

第一节　数字化供应链金融助力提升盈利能力

一、收入增长的驱动因素

（一）市场拓展与客户关系深化

数字化供应链金融依托功能强大的数字化供应链金融平台，为企业在市场拓展和客户关系深化方面提供了有力支撑。数字化供应链金融平台打破了传统供应链中企业之间信息不对称的壁垒，使企业能够全面且深入地收集客户信息。通过整合平台上客户的交易历史数据、消费偏好信息以及对产品或服务的反馈意见等多维度信息，企业能够精准洞察市场动态和客户需求的变化趋势。基于这些精准的市场洞察，企业可以有针对性地进行产品研发和服务优化。企业可以根据客户对产品功能改进的反馈，调整产品研发方向，开发出更贴合市场需求的新产品；或者根据客户对服务质量的期望，优化服务流程，提供更优质、高效的服务。这种对客户需求的精准响应，显著增强了企业产品和服务在市场中的竞争力，吸引更多新客户选择企业的产品或服务，从而有效扩大市场范围，增加销售收入。

同时，数字化供应链金融平台搭建了企业与客户之间高效、便捷的沟通桥梁。企业能够借助平台实时与客户互动，及时解决客户在交易过程中遇到的问题，提供全方位、个性化的售后服务。这种高效的沟通与优质的服务机制，极大地提升了客户满意度，增强了客户对企业的忠诚度。满意且忠诚的客户不仅会持续购买企业的产品或服务，还可能通过口碑传播等方式，向其他潜在客户推荐企业，进一步推动企业市场份额的扩大和销售收入的持续增长。

（二）供应链协同带来的新业务机会

在数字化供应链金融的环境下，企业与上下游企业之间的深度协同合作催生了丰富多样的新业务机会。企业与上下游企业通过数字化供应链金融平台实现了信息的实时共享和业务的协同运作，能够充分发挥各自的专业优势，共同挖掘新的收入增长点。在联合研发领域，上下游企业基于对供应链整体需求和行业技术发展趋势的共同认知，整合各方的研发资源，开展新产品或新技术的联合研发项目。例如，在电子信息产业中，芯片制造商与电子产品组装企业通过供应链金融平台紧密合作，共同研发新一代高性能芯片，以满足市场对电子产品更高性能的需求。这种联合研发模式不仅能够整合各方技术优势、缩短研发周期、降低研发成本，还能使研发成果更精准地契合市场需求。研发成功后，企业可以将新产品推向市场，开拓全新的市场领域，增加销售收入。

定制化服务也是供应链协同带来的重要新业务机遇。企业借助数字化供应链金融平台，能够更精准地获取上下游企业以及终端客户对产品或服务的个性化需求信息。基于这些详细的个性化需求信息，企业可以与上下游企业协同合作，为客户提供定制化的产品或服务。例如，在家具制造行业，家具生产企业通过与木材供应商、设计公司以及经销商在供应链金融平台上的协同合作，根据客户的空间尺寸、风格偏好、功能需求等个性化要求，生产定制化家具。定制化服务满足了客户独特的需求，提高了产品附加值，企业可以相应地提高产品价格，从而增加销售收入。

（三）金融创新驱动的增值服务收益

数字化供应链金融通过金融工具创新为企业开辟了新的盈利渠道。平台嵌入的应收账款质押融资、订单融资等创新金融产品，使企业能够将供应链中的隐性资产转化为可变现的流动性资源。例如，某汽车零部件企业通过平台将下游主机厂的 6 个月账期应收账款进行质押，提前获得 80% 的融资款，不仅缓解了资金压力，还将释放的流动性投入自动化生产线改造，生产效率提升 25%。金融创新还催生了数据资产变现模式，企业基于平台积累的交易数据开发供应链信用评估模型，向金融机构输出数据服务获取分成收益。例如，某物流企业通过数据服务年增收超 3000 万元，利润率较传统业务提升 12 个百分点。这种金融与产业的深度融合，使企业收入结构从单一产品销售向“产品 + 服务 + 金融”多元化转型。

（四）跨境供应链整合的全球市场机遇

随着《区域全面经济伙伴关系协定》等区域经济一体化协议的推进，数字化供应链金融平台加速了跨境供应链整合。平台支持的跨境支付结算、外汇套期保值等功能，使企业能够高效对接国际市场。例如，某纺织企业通过平台实现与东南亚供应商的实时汇率锁定，汇率波动对采购成本的影响降低 40%。平台连接的全球物流网络，使企业能够精准匹配最优运输方案。例如，某电子企业通过平台智能路由系统将跨洲运输时效缩短 3 天，库存周转率提高 18%。跨境供应链金融的深度整合，还催生了离岸贸易、保税区加工等新型贸易模式。例如，某家电企业通过保税区加工模式将产品组装环节外移至东南亚地区，综合成本下降 17%，这种模式创新直接转化为企业的利润增长点。

（五）数据资产运营的长期价值释放

数字化供应链金融平台沉淀的海量交易数据构成企业的核心数据资产。通过区块链技术确权的数据资产，可开发出多种衍生价值。企业可建立供应链信用大数据平台，向金融机构开放数据接口获取服务费，如某平台年服务费收入达 2．8 亿元。基于数据洞察的精准营销服务成为新增长极，如某企业通过分析平台数据发现东南亚市场对环保材料需求激增，针对性推出竹纤维餐具系列，首年销售额突破 5000 万元。数据资产还可用于开发供应链预测模型，如某快消品企业通过数据模型将库存周转率提升 18%，释放的仓储空间带来额外租金收入。这种数据驱动的运营模式，使企业从“经验决策”转向“数据决策”，管理效率有效提升。

二、成本节约的途径

（一）运营成本的降低

数字化供应链金融在优化供应链流程方面发挥着关键作用，从而有效降低企业的运营成本。通过数字化供应链金融平台，企业能够实现对供应链各环节的实时监控和精细化管理，显著减少库存积压现象。企业可以依据平台上实时更新的销售数据、库存数据以及生产进度数据等多源信息，精准预测市场需求，进而合理安排生产计划和采购计划。例如，企业可以根据近期销售数据的波动情况，结合市场趋势分析，准确调整原材料采购量，避免因过度采购导致库存积压，占用大量资金和仓储空间。同时，通过运用先进的数据分析技术和智能算法，企业可以优化生产流程和物流配送路线，提高生产效率和物流配送效率，降低物流成本。这些措施直接降低了企业的运营成本，提高了企业的盈利能力。

（二）融资成本的降低

数字化供应链金融凭借精准的信用评估体系和多样化的金融产品，有效降低了企业的融资成本。在传统融资模式下，金融机构由于对企业信息掌握有限，难以全面、准确地评估企业的信用风险，导致企业融资难度较大且融资成本较高。而在数字化供应链金融模式下，金融机构可以通过数字化供应链金融平台获取企业丰富的交易数据、财务数据以及与上下游企业的合作情况等多维度信息。利用大数据分析技术和人工智能算法，金融机构能够对企业进行精准的信用评估。这种精准的信用评估使信用状况良好的企业能够获得更合理的融资额度和更低的融资利率。同时，数字化供应链金融提供了丰富多样的金融产品，如应收账款保理、存货融资、订单融资等。企业可以根据自身的资金需求特点、经营周期以及财务状况，选择最适合自己的融资产品，从而降低融资成本。融资成本的降低间接提升了企业的盈利能力，使企业在同等经营收入的情况下，能够实现更多的利润。

三、利润结构的优化

（一）非核心业务的剥离与聚焦核心竞争力

在数字化供应链金融蓬勃发展的当下，企业面临着重新审视自身业务架构的重要契机。借助这一先进的金融模式，企业能够开展全面且深入的业务梳理工作。通过对内部运营数据的详细分析，结合对外部市场需求的精准洞察以及行业未来发展趋势的研判，企业可以清晰地区分核心业务与非核心业务。核心业务是企业在市场竞争中立足的根本，是形成差异化竞争优势的关键领域，而那些对企业核心竞争力提升作用有限的业务则被归为非核心业务。

对于非核心业务，企业可依托数字化供应链金融平台，探寻适配的合作伙伴实施外包策略。以物流配送业务为例，专业的物流企业凭借其规模化运营，能够实现运输资源的高效整合，降低单位运输成本。同时，它们在物流路线规划、仓储管理以及配送时效把控等方面拥有丰富的专业经验，相比企业自行运营物流业务，能够提供更优质、高效的服务。将零部件生产业务外包同样具有显著优势。具备成本优势的供应商，往往在特定零部件生产环节精耕细作，掌握专业技术，拥有先进的生产设备和工艺，不仅能保障产品质量的稳定性，还能通过规模效应和成本控制手段，为企业提供性价比更高的零部件产品。

通过外包非核心业务，企业得以将有限的资源进行集中配置。原本分散在非核心业务运营中的资金、人力、设备等资源，能够被重新整合并投入对企业核心竞争力提升具有关键作用的领域。在研发方面，充足的资金和优秀的人才投入，能够加速企业技术创新的步伐。企业得以加大对新技术、新产品的研发力度，推出更具创新性和市场竞争力的产品，满足消费者不断变化的需求，从而提升产品的差异化优势，为产品赋予更高的附加值。在品牌建设领域，资源的聚焦有助于企业制定更具针对性和影响力的品牌推广策略，提升品牌知名度和美誉度，增强消费者对品牌的认同感和忠诚度。将资源重点投入核心产品生产，能够优化生产流程、提高生产效率、保障产品质量，进一步巩固企业在核心业务领域的市场地位。这些举措最终促使企业利润空间得以拓展，利润结构得到优化，整体盈利能力实现显著提升。

（二）供应链金融收益的增加

企业积极参与数字化供应链金融业务，为优化利润结构、提升盈利能力开辟了新路径。应收账款保理业务在这一过程中发挥着重要作用。企业在日常经营中，常面临应收账款账期较长的问题，导致资金回笼缓慢，影响资金的周转效率和企业的正常运营。通过开展应收账款保理业务，企业将应收账款转让给金融机构，金融机构基于对应收账款质量和企业信用状况的评估，提前向企业支付一定比例的款项。企业虽然需要让渡部分账款金额作为金融机构提供服务的成本，但却能够迅速获得急需的资金。

企业可以巧妙利用应收账款保理业务加速自身的资金周转。一方面，提前回笼的资金可用于企业的日常运营，确保原材料采购、员工薪酬支付等环节的顺利进行，避免因资金短缺导致的生产停滞或业务中断。另一方面，企业可将这笔资金投入到回报率更高的投资项目或业务拓展领域。企业可以利用回笼资金投资于具有增长潜力的新兴市场或业务板块，通过多元化经营，寻求新的利润增长点。合理安排应收账款保理业务还能为企业带来额外收益。当企业能够精准把握市场利率波动、资金供求关系以及自身资金需求节奏时，通过与金融机构的有效协商和业务方案设计，企业可以在应收账款保理业务中实现收益最大化。

存货融资业务为企业带来了优化利润结构的机会。企业以存货作为质押物向金融机构申请融资，在持有存货期间，市场价格的波动为企业创造了潜在的收益空间。当市场上原材料或产成品价格上涨时，企业持有的质押存货价值相应上升。在偿还融资款项后，企业能够收获存货增值带来的额外利润。企业还可以通过合理规划存货融资的期限、融资额度以及还款方式，结合市场价格走势和自身生产销售计划，实现存货融资业务的效益最大化。例如，在市场价格预期上涨时，企业适当延长存货融资期限，充分享受价格上涨带来的增值收益；在市场价格波动较大时，企业通过灵活调整融资额度，降低融资成本，提高资金使用效率。这些供应链金融业务所产生的收益，丰富了企业的利润来源，优化了利润结构，为企业盈利能力的持续提升提供了有力支撑。

四、盈利能力提升的长期效应

（一）品牌价值与市场份额的提升

盈利能力的提升在数字化供应链金融的助力下，对企业品牌价值与市场份额的提升具有积极且深远的促进作用。当企业盈利能力增强时，意味着企业拥有更充裕的资金用于品牌建设和市场推广。企业可以加大研发投入，不断推出高品质、创新性的产品和服务，提升产品质量和性能，满足消费者日益多样化和个性化的需求。优质的产品和服务能够在消费者心中树立良好的品牌形象，增强品牌知名度和美誉度，从而提升品牌价值。例如，企业通过持续投入研发，推出具有领先技术和卓越品质的产品，消费者对该品牌的认可度大幅提高，品牌价值随之上升。品牌价值的提升又会吸引更多消费者关注和选择该品牌的产品或服务，进一步扩大市场份额。

同时，盈利能力的提升使企业在市场竞争中更具优势，能够进一步扩大市场份额。企业可以利用更多资金开展市场推广活动，拓宽销售渠道，扩大市场覆盖范围。例如，企业可以加大广告宣传力度，在各类媒体平台上投放广告，提高品牌曝光度；参加各类行业展会，展示企业的产品和技术实力，吸引潜在客户；与更多经销商建立合作关系，将产品推向更广泛的市场区域。这些市场推广活动能够吸引更多潜在客户关注企业产品或服务，增加产品销量，进而扩大市场份额。品牌价值的提升与市场份额的扩大相互促进，形成良性循环，为企业的长期发展奠定坚实基础。

（二）可持续增长能力的增强

通过数字化供应链金融优化资源配置，企业能够实现可持续的利润增长，增强可持续增长能力。数字化供应链金融平台使企业能够更精准地掌握市场需求、资源分布以及供应链各环节的运作情况，从而实现资源的优化配置。企业可以根据市场需求变化，合理调整生产规模和产品结构，将资源集中投入市场需求旺盛、利润空间较大的产品或业务领域。例如，当市场对某类环保产品需求增加时，企业通过供应链金融平台获取相关信息，及时调整生产计划，加大对环保产品的生产投入，提高资源利用效率，实现利润增长。同时，数字化供应链金融促进企业与上下游企业建立长期稳定的合作关系，形成协同发展的生态系统。在这个生态系统中，企业之间相互支持、资源共享，共同应对市场变化和风险挑战。例如，企业与供应商建立长期稳定的合作关系，确保原材料的稳定供应和质量提升；与客户建立紧密的合作关系，及时了解客户需求变化，提供优质的产品和服务。这种协同发展的模式有助于企业降低运营成本、提高生产效率、增强创新能力，实现可持续的利润增长，为企业的长期发展提供源源不断的动力，增强企业的可持续增长能力。

（三）吸引优质人才与提升企业创新能力

盈利能力的提升借助数字化供应链金融的推动，为企业吸引优质人才创造了有利条件。当企业展现出良好的盈利状况时，在人才市场上的吸引力显著增强。高盈利能力意味着企业能够为员工提供更具竞争力的薪酬待遇、完善的福利保障以及广阔的职业发展空间。对于行业内的优秀人才而言，这些因素极具吸引力。企业可以提供高于市场平均水平的薪资，吸引具有丰富经验的研发人才、市场营销人才以及管理人才加入。这些优质人才的会聚，为企业注入了新鲜血液，带来了先进的技术理念、创新的营销思路以及高效的管理方法。研发人才能够推动企业在技术研发方面取得突破，开发出更具竞争力的产品；市场营销人才能够制定更有效的市场推广策略，提升企业产品的市场占有率；管理人才能够优化企业内部管理流程，提高企业运营效率。

一方面，盈利能力的提升使企业有更充足的资金投入到研发创新中。企业可以购置先进的研发设备，组建专业的研发团队，开展前沿技术研究和产品创新项目。通过持续的研发投入，企业能够不断推出具有创新性的产品或服务，满足市场日益多样化和个性化的需求，进一步巩固和提升市场竞争力。另一方面，数字化供应链金融所促进的供应链协同，为企业创新提供了更广阔的平台。企业与上下游企业在联合研发、信息共享的过程中，能够碰撞出创新的火花。不同企业的技术优势、市场洞察力以及创新思维相互融合，推动企业在产品设计、生产工艺、商业模式等方面实现创新突破，为企业的可持续发展提供强大的创新驱动力。

（四）强化企业的行业话语权与战略布局能力

随着企业盈利能力在数字化供应链金融助力下不断提升，企业在行业内的话语权也得以强化。高盈利的企业在行业中往往占据领先地位，其经营策略、产品标准以及技术创新成果能够对行业发展产生重要影响。企业可以凭借自身的实力，参与行业标准的制定，引导行业发展方向。例如，在某一新兴行业中，盈利能力突出的企业可以通过与行业协会、其他企业合作，将自身先进的技术标准和产品规范推广为行业标准，使整个行业朝有利于自身发展的方向演进。这种行业话语权的增强，进一步巩固了企业的市场地位，为企业带来更多的发展机遇。企业可以利用行业话语权，优先获取行业资源，与其他企业建立更有利的合作关系，拓展业务领域。

同时，盈利能力的提升增强了企业的战略布局能力。企业拥有充足的资金和良好的财务状况，能够更从容地进行战略投资和业务拓展。企业可以通过并购、战略联盟等方式，整合行业资源，完善产业链布局。例如，企业可以收购具有核心技术或优质渠道的上下游企业，实现产业链的纵向延伸，增强自身在供应链中的主导地位；或者与其他企业建立战略联盟，共同开拓新的市场领域，实现资源共享和优势互补。通过合理的战略布局，企业能够在更广阔的市场空间中提升盈利能力，实现长期稳定发展。企业可以通过并购获取关键技术，提升自身产品的技术含量；通过战略联盟拓宽市场渠道，提高产品的市场覆盖率。

第二节　数字化供应链金融促进提升偿债能力

一、数字化供应链金融对偿债能力的提升机制

（一）优化资产负债结构

1. 降低负债水平

数字化供应链金融借助先进的数据分析和决策支持系统，助力企业实现精准的融资安排，从而有效减少不必要的债务，优化负债结构。在传统融资模式下，企业可能因信息不对称、融资渠道有限等原因，获取的融资额度和期限与实际资金需求不匹配，导致过度负债或债务结构不合理。而在数字化供应链金融环境中，企业能够通过供应链金融平台整合自身的经营数据、交易信息以及未来发展规划等多维度信息，对资金需求进行精确预测。基于这些准确的信息，企业可以选择合适的融资时机和融资方式，避免盲目融资。例如，企业可以根据生产周期和销售旺季的时间节点，合理安排短期融资，确保在资金需求高峰期有足够的资金支持生产经营，而在资金需求淡季则减少融资规模，降低利息支出。同时，企业可以利用供应链金融平台与金融机构进行高效沟通，争取更有利的融资条款，如较低的利率、较长的还款期限等，优化债务的成本和期限结构，降低整体负债水平。

2. 增加流动资产

利用供应链金融平台，企业能够显著加速应收账款回收，从而有效增加流动资产。在传统供应链中，应收账款的回收往往面临诸多问题，如信息传递不及时、客户信用评估不准确等，导致回收周期较长，资金占用量大。数字化供应链金融平台通过整合供应链上下游企业的交易数据，建立了完善的客户信用评估体系。金融机构可以基于平台上的交易数据，对客户的信用状况进行精准评估，为企业提供更合理的应收账款融资方案。企业可以将应收账款转让给金融机构，提

前获得资金，加快资金回笼速度。例如，企业在与客户完成交易后，通过供应链金融平台提交应收账款信息，金融机构经过快速审核，按照一定比例向企业提供融资款项。这样，企业能够迅速将应收账款转化为现金，增加了流动资产规模。此外，数字化供应链金融平台还可以帮助企业优化库存管理，减少库存积压，将释放出来的资金转化为流动资产，进一步提升企业的资产流动性和短期偿债能力。

（二）提升资金流动性

1. 资金流的优化

数字化平台为企业资金的高效调配提供了有力支持，确保企业在债务到期时有足够的资金进行偿还。在数字化供应链金融体系中，企业可以实时获取供应链各环节的资金流动信息，包括采购付款、销售收款、库存资金占用等。通过对这些信息的整合和分析，企业能够运用先进的资金管理模型和算法，制订科学合理的资金调配计划。例如，企业可以根据销售订单的执行进度，合理安排原材料采购资金的支付时间，确保在满足生产需求的前提下，最大限度地提高资金使用效率。同时，数字化平台实现了企业与金融机构之间的信息实时对接，企业可以根据资金需求及时获取融资支持，并且在资金闲置时能够及时进行合理的投资或理财，实现资金的增值。这种资金的高效调配使得企业能够灵活应对各种资金需求，确保在债务到期时，有充足的资金用于偿还，有效提升了企业的偿债能力。

2. 现金储备的增加

优化现金流管理是增加现金储备、提升企业短期偿债能力的关键举措。数字化供应链金融平台为企业提供了全面、准确的现金流数据，企业可以基于这些数据对现金流进行精细化管理。通过对历史现金流数据的分析，企业能够预测未来现金流入和流出的趋势，提前制定应对策略。例如，企业可以根据销售季节性波动规律，在销售旺季来临前储备足够的现金，以满足生产和运营的资金需求；在销售淡季合理控制成本支出，减少现金流出。同时，数字化平台有助于企业加强与供应商和客户的合作关系，优化付款和收款政策。企业可以通过与供应商协商延长付款期限，增加自身资金的使用时间；与客户协商缩短收款周期，加快现金回流。通过这些现金流管理措施，企业能够有效增加现金储备，在面临短期债务到期时，有足够的现金进行偿还，增强了企业的短期偿债能力和财务稳定性。

3. 融资渠道的拓展

数字化平台通过整合供应链上下游数据，为企业开辟了多元化的融资渠道。传统融资模式下，企业依赖单一银行授信或抵押贷款，而数字化供应链金融体系可基于真实贸易背景，引入核心企业信用背书，激活应收账款融资、预付款融资等创新模式。例如，企业可以将未到期应收账款转让给金融机构，提前获得资金回笼；可以通过与核心企业合作，以预付款方式锁定原材料供应，同时获得金融机构的融资支持。这种融资方式的灵活性不仅降低了融资成本，还缩短了资金到账周期，使企业在债务到期前具备更充足的资金缓冲空间，进一步巩固了偿债能力。

4. 风险预警机制的完善

数字化供应链金融体系通过大数据分析和人工智能技术，构建了动态风险预警模型。企业可实时监控供应链各环节的资金风险指标，如供应商交货延迟率、客户付款逾期率、库存周转天数等。当系统监测到潜在风险时，会自动触发预警机制，提示企业调整资金调配策略。例如，若某供应商出现交货延迟风险，企业可提前启动备用供应商计划，并调整对应订单的付款节奏，避免因供应链中断导致资金链紧张。这种前瞻性风险管理能力使企业能够提前化解债务偿还风险，确保资金流动性的稳定。

5. 资金成本的可视化管控

数字化平台通过费用拆解和成本分析功能，帮助企业实现资金成本的精细化管理。企业可清晰追踪每一笔资金的流向及对应成本，包括融资利息、手续费、资金占用成本等。基于这些数据，企业可优化融资结构，例如将高成本短期借款置换为低成本长期贷款，或通过供应链票据贴现降低融资成本。同时，平台提供的成本模拟功能可预测不同资金调配方案下的综合成本，辅助企业制定最优决策。这种成本透明化管控机制有效降低了企业的财务费用支出，间接提升了资金流动性，为债务偿还提供了更坚实的财务基础。

（三）增强融资能力

1. 信用评级的提升

数字化供应链金融平台使企业能够向金融机构及其他相关方展示更透明的财务状况和更稳定的经营能力，从而有效提升信用评级。在传统模式下，金融机构获取企业信息的渠道有限，且信息的真实性和及时性难以保证，导致对企业信用评估存在偏差。而在数字化供应链金融环境中，企业的经营数据、交易记录、供应链协同情况等信息在平台上得以整合和呈现。金融机构可以通过数字化平台实时获取这些信息，对企业的财务状况、经营业绩、市场竞争力等方面进行全面、深入的分析。例如，企业在供应链金融平台上的交易数据能够反映其交易的稳定性、合作伙伴的质量以及付款的及时性等，这些都是信用评级的重要考量因素。企业通过良好的经营表现和规范的交易行为，在平台上积累了良好的信用记录，向金融机构展示了其稳定的经营能力和可靠的还款意愿，从而提升了信用评级。较高的信用评级使企业在融资时能够获得更优惠的条件，如更低的利率、更高的融资额度等，进一步增强了企业的融资能力和偿债能力。

2. 多样化的融资渠道

除了传统银行贷款，数字化供应链金融平台为企业开辟了多样化的融资渠道，显著降低了融资难度。在数字化时代，供应链金融平台整合了多种金融资源，包括商业银行、金融科技公司、供应链核心企业等提供的各类融资产品和服务。企业可以根据自身的实际需求和经营特点，选择适合自己的融资方式。例如，企业可以通过供应链金融平台进行应收账款质押融资、存货融资、订单融资等。应收账款质押融资允许企业将应收账款作为质押物，向金融机构申请贷款；存货融资是以企业的存货为质押，获取资金支持；订单融资是企业凭借已签订的销售订单，从金融机构获得融资用于生产和采购。此外，一些供应链金融平台还提供基于区块链技术的融资服务，通过区块链的去中心化、不可篡改等特性，提高融资过程的透明度和安全性。多样化的融资渠道使企业不再过度依赖传统银行贷款，降低了融资门槛和难度，为企业提供了更多获取资金的途径，增强了企业的融资能力，进而提升了偿债能力。

二、偿债能力的提升对企业财务健康的影响

（一）增强资金运作灵活性

1. 优化资金调配

当企业偿债能力提升时，其资金调配的空间得以显著拓展。在日常经营中，企业面临着众多资金使用需求，如原材料采购、员工薪酬支付、设备维护与更新等。具备较强偿债能力意味着企业在资金安排上更具弹性。企业可依据业务的轻重缓急，灵活决定资金的流向。对于时效性强、对生产运营影响重大的原材料采购，企业能够及时调配资金，确保原材料按时足额供应，避免因原材料短缺导致生产停滞。在面对员工薪酬支付时，企业可按时发放，维持员工的工作积极性与稳定性，这对于企业的持续高效运营至关重要。在设备维护与更新方面，企业可根据设备的实际运行状况和技术发展趋势，合理安排资金投入。对于老化严重、影响生产效率和产品质量的设备，及时投入资金进行更新换代，提升企业的生产能力和市场竞争力。

2. 把握投资机遇

良好的偿债能力使企业在面对投资机遇时更具优势。在市场环境中，投资机会层出不穷，如新兴市场的拓展、行业内的并购重组、新技术研发项目的参与等。企业若拥有较强的偿债能力，意味着其财务状况稳健，在进行投资决策时，无须过度担忧因投资而导致的偿债压力增大。企业可利用自身资金或在合理融资范围内，果断抓住这些投资机遇。通过拓展新兴市场，企业能够扩大市场份额，增加销售收入和利润来源。参与行业内的并购重组，企业可实现资源整合，优化产业布局，提升自身在行业内的竞争力。对新技术研发项目的投资，则有助于企业保持技术领先地位，为未来的产品创新和业务拓展奠定基础。这种积极的投资行为，进一步促进企业的发展壮大，提升企业的财务健康水平。

3. 强化风险管理能力

偿债能力的提升使企业具备更强的风险抵御与应对能力。在资金运作中，企业可设立专项风险准备金，针对汇率波动、原材料价格异常变动等外部风险进

行提前布局。例如，某出口企业通过建立外汇套期保值机制，将汇率风险敞口控制在3%以内，避免因人民币升值导致利润大幅缩水。企业还可利用财务杠杆工具，在偿债能力范围内适度举债，通过债务重组优化债务结构，将短期高息负债置换为长期低息贷款，降低财务成本。当市场出现系统性风险时，企业凭借稳健的偿债能力可从容实施资产保全策略，例如通过出售非核心资产回笼资金，确保核心业务的持续运营。这种风险管理的主动性使企业在经济波动中保持韧性，资产负债率始终维持在行业健康区间。

4. 提升资本运作效率

偿债能力的增强为企业资本运作提供更大操作空间。企业可通过股权融资、可转债发行等多元化融资渠道，灵活调整资本结构。在并购重组中，企业可利用自身信用优势获取并购贷款，实现“蛇吞象”式扩张。例如，某制造业企业凭借AAA级信用评级，以3%的融资成本完成对海外同行的收购，并购后整合双方研发资源，推出新一代智能生产线，市场份额三年内提升15%。企业还可通过资产证券化盘活存量资产，将应收账款、商业地产等转化为流动资金，释放资本活力。这种资本运作的灵活性使企业能够快速响应市场变化，在行业整合期抢占先机。

5. 深化产融协同效应

偿债能力的提升促进企业构建“产业+金融”双轮驱动模式。企业可设立财务公司或产业基金，将闲置资金投向产业链上下游企业，既获得财务收益，又强化产业控制力。例如，某钢铁企业通过产业基金投资铁矿石供应商，锁定原料成本，同时参股下游汽车零部件企业，提前布局新能源汽车市场。企业还可利用供应链金融工具，为供应商提供应收账款保理服务，既缓解供应商资金压力，又获取稳定收益。这种产融协同使企业从单纯的产业经营者转变为产业生态构建者，通过资本纽带实现产业链价值最大化。

（二）树立良好信誉形象

1. 增强债权人信心

企业偿债能力的提升，能极大增强债权人对企业的信心。债权人在评估是否向企业提供资金以及确定资金借贷条件时，企业的偿债能力是关键考量因素。当企业能够按时足额偿还债务，展现出较强的偿债能力时，债权人会认为企业具有良好的信用记录和稳定的财务状况。在后续的借贷业务中，债权人更愿意为企业提供资金支持，且可能给予更优惠的借贷条件。企业可能获得更低的贷款利率，这直接降低了企业的融资成本，增加了企业的利润空间。债权人可能放宽还款期限，使企业在资金使用上更具灵活性，减轻短期内的还款压力，有利于企业合理安排资金用于生产经营和发展。

2. 提升商业合作伙伴信任度

除了债权人，商业合作伙伴对企业的偿债能力也高度关注。在供应链体系中，企业与供应商、经销商等商业合作伙伴存在紧密的业务往来。企业具备较强的偿债能力，意味着在与供应商合作时，能够按时支付货款，建立长期稳定的合作关系。供应商更愿意为企业提供优质的原材料，且在价格、交货期等方面给予一定的优惠和灵活性。对于经销商而言，企业良好的偿债能力传递出企业经营稳定、产品有市场前景的信号，增强了经销商的合作意愿和信心。经销商可能加大对企业产品的推广力度，积极开拓市场，促进企业产品的销售，进而增加企业的市场份额和销售收入，对企业财务健康产生积极影响。

3. 赢得消费者口碑认可

偿债能力的提升会通过企业运营传导至消费者层面，形成正向品牌效应。消费者在选择产品时，往往关注企业的经营稳定性与售后服务保障。企业通过偿债能力增强实现资金良性循环后，可将更多资源投入产品质量提升与消费者服务优化。例如，某家电企业凭借稳健财务状况推出“十年质保”服务，在行业普遍三年质保的背景下形成差异化优势，消费者投诉率下降 35%，复购率提升 22%。企业还能通过财务健康度支撑大规模市场推广，如赞助体育赛事、开展公益活动，进一步强化品牌信任感。这种消费者信任的积累使企业产品在市场竞争中具备溢价能力，如某高端服装品牌因母公司偿债能力优异，其产品定价在比同类型品牌高出 15% 时仍保持市场热度。

4. 吸引优质人才加入

偿债能力作为企业综合实力的直观体现，对高端人才具有强吸引力。在人才竞争白热化的当下，求职者不仅关注薪酬待遇，而且重视企业的长期发展潜力与抗风险能力。偿债能力强的企业能够提供更稳定的职业环境，降低因资金链断裂导致的裁员风险。例如，某科技企业在行业寒冬期凭借健康财务状况逆势扩招，吸引多名海外顶尖人才回国任职，其研发团队规模 3 年内增长 200%。企业还可通过股权激励计划绑定核心人才，将员工利益与企业长期发展深度绑定。这种人才虹吸效应使企业创新能力持续提升，如某医药企业依托强大研发团队连续推出 3 款创新药，市场估值 5 年内翻 5 倍。

（三）降低财务风险

1. 减少债务违约可能性

提升偿债能力最直接的影响是大幅减少企业债务违约的可能性。债务违约会给企业带来严重的后果，如信用评级下降、面临法律诉讼、资金链断裂等。当企业偿债能力较强时，意味着其资产能够充分覆盖负债，有足够的现金流来按时偿还债务本息。在债务到期时，企业可从容应对，避免因无法偿还债务而陷入财务困境。这不仅维护了企业的信用形象，还确保了企业的正常运营。企业无须因债务违约而耗费大量精力和资金进行危机处理，可将资源集中于生产经营和业务拓展，保障企业财务的稳定健康发展。

2. 增强应对经济波动能力

在复杂多变的经济环境中，经济波动不可避免。无论是宏观经济衰退、行业竞争加剧，还是突发的经济事件，都会对企业的经营产生影响。具备较强偿债能力的企业，在面对经济波动时具有更强的抵御能力。在经济下行期，市场需求萎缩，企业销售收入可能减少，但由于偿债能力强，企业有足够的资金储备和稳定的现金流来维持运营。企业可通过适当调整生产规模、优化成本结构等方式应对经济困境，而无须因偿债压力被迫大幅削减必要的开支，如研发投入、市场推广费用等，从而为企业在经济复苏时迅速恢复增长奠定基础。在行业竞争加剧时，企业可凭借良好的财务状况，加大对产品创新和服务提升的投入，增强市场竞争力，化解经济波动带来的风险，保障企业财务健康的可持续性。

（四）助力企业战略实施

1. 支持长期战略规划推进

企业的长期战略规划，如市场扩张战略、多元化发展战略等，需要大量的资金投入和稳定的财务支持。偿债能力的提升为企业长期战略实施提供了坚实保障。在市场扩张战略方面，企业可能计划进入新的区域市场或发展新产品线，这需要在市场调研、渠道建设、产品研发等方面投入巨额资金。强大的偿债能力使企业能够通过合理的融资安排，满足战略实施所需资金，确保市场扩张计划顺利推进。对于多元化发展战略，企业涉足新的业务领域，面临着诸多不确定性和风险。良好的偿债能力使企业在应对新业务的资金需求和潜在风险时更具有底气，有助于企业在新领域逐步站稳脚跟，实现多元化发展目标，提升企业整体的财务实力和抗风险能力。

2. 促进战略转型与升级

随着市场环境的变化和行业发展趋势的转变，企业往往需要进行战略转型与升级，如从传统制造业向智能制造转型、从单一产品经营向综合服务提供商转型等。这种转型过程不仅需要大量资金用于技术研发、设备更新、人才培养等方面，还面临着转型初期可能出现的业绩下滑风险。偿债能力的提升使企业在战略转型与升级过程中更具有韧性。企业可利用自身的财务优势，加大在新技术、新模式上的投入，推动企业顺利实现转型。在转型期间，即使面临短期的财务压力，企业凭借较强的偿债能力，也能够维持正常运营，平稳度过转型期，实现企业的可持续发展，进一步优化企业的财务健康状况。

3. 强化战略协同与资源整合

偿债能力的提升使企业具备更强的战略协同能力，能够高效整合内外部资源。在产业链整合战略中，企业可凭借稳健财务状况发起横向并购或纵向一体化布局。例如，某汽车零部件企业通过偿债能力优化获得 AAA 级信用评级，成功收购三家海外技术型公司，快速掌握新能源电池核心技术，实现从传统燃油配件向电动化转型的跨越。在生态化战略实施中，企业可设立产业投资基金，联合上下游企业共建创新平台。例如，某家电企业联合芯片厂商、软件开发商成立智能家居联盟，通过资本纽带实现技术共享与市场协同，这种资源整合能力使该企业战略推进效率提升 40%，战略落地周期缩短 2 ～ 3 年。

4. 提升战略决策的灵活性

偿债能力的增强为企业战略决策提供更大的容错空间。当市场出现突发机遇或风险时，企业可快速调整战略方向。例如，某服装企业凭借健康财务状况在疫情期间果断将产能转向防护服生产，3 个月内完成生产线改造并获得欧盟 CE 认证，抢占国际市场份额。在数字化转型战略中，企业可同时推进多个试点项目，通过 A/B 测试快速验证商业模式。例如，某零售企业同时布局直播电商、无人零售、社区团购 3 种新业态，3 个月内淘汰低效模式，将资源集中于高潜力领域。这种战略敏捷性使企业能够动态适应市场变化，战略调整成本降低 35%。

5. 夯实战略执行的基础保障

偿债能力的提升从组织层面为战略执行提供坚实保障。企业可建立战略预备金制度，将年度利润的 10% 划拨为战略储备资金，用于应对战略实施中的突发状况。例如，某化工企业在扩产计划中预留了 2 亿元应急资金，当原材料价格暴涨 30% 时，立即启动应急方案维持生产。在人才战略方面，企业可提供具有竞争力的薪酬与股权激励，吸引顶尖人才参与战略项目。例如，某科技企业通过员工持股计划，使核心研发团队稳定性达到 92%，确保战略技术攻关顺利推进。企业还可通过偿债能力背书，与高校、科研机构建立联合实验室。例如，某新能源企业与清华大学共建固态电池研究院，实现产学研深度融合，这种基础保障能力使该企业战略执行偏差率控制在 15% 以内，战略目标达成率提升至 85%，远超行业平均水平。

第三节　数字化供应链金融有效改善运营能力

一、数字化供应链金融对运营能力的改善机制

（一）优化库存管理

1．精准的需求预测

数字化供应链金融依托大数据分析和人工智能算法，能够实现精准的需求预测，有效减少库存积压。在传统供应链模式下，企业主要依靠经验和有限的数据来预测市场需求，这种方式往往准确性不足，容易导致库存积压或缺货现象。而在数字化供应链金融环境中，企业可以通过供应链金融平台收集海量的市场数据，包括历史销售数据、市场趋势数据、消费者偏好数据、行业动态数据等多维度信息。大数据分析技术能够对这些庞大而复杂的数据进行快速处理和深入挖掘，提取出有价值的信息。人工智能算法则在此基础上，通过对历史数据的学习和模拟，构建精准的需求预测模型。该模型能够综合考虑各种因素对市场需求的影响，如季节变化、经济形势波动、政策法规调整等，对未来市场需求进行精确预测。企业基于这些精准的需求预测结果，能够合理制订生产计划和采购计划，避免因盲目生产或过度采购导致的库存积压，使库存水平与市场需求更紧密地匹配，提高库存管理效率。

2．动态库存调整

根据市场需求变化，数字化供应链金融支持企业实时调整库存水平，显著提高库存周转率。供应链金融平台实时跟踪市场动态，持续收集和更新与市场需求相关的数据信息。当市场需求出现变化时，无论是需求增长还是下降，企业能够通过平台及时获取相关信息。基于平台提供的实时数据，企业运用先进的库存管理系统和算法，迅速对库存水平进行调整。例如，当市场需求突然增长时，企业可以利用平台与供应商进行高效沟通，加快原材料采购速度，增加生产投入，

及时补充库存，满足市场需求；当市场需求下降时，企业能够及时减少生产规模，调整采购计划，避免库存进一步积压。这种动态库存调整机制使企业能够快速适应市场变化，保持库存处于合理水平，提高库存周转率，减少库存持有成本，提升企业运营效率和经济效益。

（二）加速应收账款回收

1. 应收账款融资

通过供应链金融平台，企业能够将应收账款转化为流动资金，加速资金回笼。在传统模式下，企业的应收账款往往需要等待较长时间才能收回，导致资金占用量大，资金周转效率低。数字化供应链金融平台为企业提供了应收账款融资渠道。企业在与客户完成交易并形成应收账款后，可将应收账款信息上传至供应链金融平台。平台整合企业的交易数据、信用记录等信息，对企业的应收账款进行评估。金融机构基于平台提供的信息，为企业提供应收账款融资服务。企业将应收账款转让给金融机构，金融机构按照一定比例提前向企业支付款项，使企业能够迅速将应收账款转化为流动资金。这种方式缩短了企业的收款周期，加速了资金回笼，使企业能够更快地将资金投入到生产经营的其他环节，提高了资金使用效率，缓解了企业资金紧张的局面，有助于企业更好地开展业务活动，提升运营能力。

2. 信用风险管理

利用数字化平台，企业能够对客户的信用状况进行实时监控，降低应收账款坏账风险。在数字化供应链金融体系中，企业通过供应链金融平台整合客户的交易数据、财务数据、信用记录等多维度信息，构建全面的客户信用评估体系。平台运用大数据分析和风险评估模型，对客户的信用状况进行实时分析和评估。当客户的信用状况发生变化时，如出现付款延迟、财务状况恶化等情况，平台能够及时发出预警。企业基于平台提供的信用信息和预警提示，能够采取相应的措施进行风险防范和管理。例如，企业可以调整对客户的信用政策，缩短信用期限、降低信用额度；加强对应收账款的催收力度，通过电话、邮件、上门等多种方式督促客户还款；对于信用风险较高的客户，企业可以考虑停止与其合作，以降低应收账款坏账风险。通过有效的信用风险管理，企业能够提高应收账款的回收质量，减少坏账损失，保障企业资金的安全和稳定，提升企业运营能力和财务健康水平。

（三）提升资产利用效率

1. 产共享与协同

通过供应链金融平台，企业能够实现资产共享和协同，提高资产利用效率。在数字化供应链金融环境下，供应链各环节的企业可以通过平台共享各类资产信息，包括闲置设备、库存资源、物流设施等。企业可以根据自身生产经营需求，在平台上寻找合适的资产进行共享或合作使用。例如，一家企业在生产淡季时，其部分生产设备处于闲置状态，通过供应链金融平台，该企业可以将这些闲置设备的信息发布出去，其他有临时生产需求的企业可以租赁使用这些设备。这种资产共享模式使闲置资产得到充分利用，避免了资产的浪费，提高了资产的使用效率。同时，企业之间还可以通过平台实现协同运营，优化资源配置。例如，在物流配送环节，多家企业可以通过平台整合物流需求，共同使用物流设施和运输工具，实现物流资源的共享和协同运作，降低物流成本，提高物流效率，进而提升整个供应链的资产利用效率。

2. 优化生产流程

利用数字化技术，企业能够优化生产流程，减短生产周期，提高资产周转率。数字化技术在生产流程优化中发挥着关键作用。企业通过引入先进的数字化生产设备、自动化控制系统以及生产管理软件等，对生产流程进行全面升级和优化。在生产计划制订方面，数字化系统能够根据市场需求预测、库存状况、设备产能等多方面信息，制订科学合理的生产计划，确保生产资源的合理配置。在生产执行过程中，自动化控制系统能够实时监控生产设备的运行状态，自动调整生产参数，提高生产的精准度和稳定性，减少生产过程中的次品率和生产中断情况。生产管理软件则实现了对生产过程的信息化管理，企业能够实时掌握生产进度、物料消耗等信息，及时发现和解决生产过程中的问题。通过这些数字化技术的应用，企业能够有效减少生产周期，提高生产效率，使资产能够更快地完成从投入到产出的过程，提高资产周转率，提升企业资产利用效率和运营能力。

二、运营能力提升对企业竞争力的影响

（一）优化生产流程，降低成本

1. 提升生产效率

运营能力的提升有助于企业对生产流程进行全面梳理与深度优化。企业通过引入先进的生产管理理念和技术，对生产环节中的各个步骤进行精细化分析。从原材料投入到产品产出的整个过程中，识别出可能存在的效率低下环节，如生产设备的不合理布局导致的物料搬运时间过长，或者生产工序之间的衔接不顺畅造成的等待时间增加等问题。针对这些问题，企业可以对设备进行重新布局，依据生产工艺的逻辑顺序，使物料在生产过程中的流动路径更加简捷高效，从而大幅减少物料搬运时间。同时，通过优化生产工序流程，引入先进的生产调度系统，合理安排各道工序的生产节奏，实现工序之间的无缝衔接，有效缩短等待时间。这些举措能够显著提升单位时间内的产品产出量，使企业在相同的时间和资源投入下，生产出更多符合质量标准的产品，从而提高生产效率，增强企业在成本控制和产品供应能力方面的竞争力。

2. 降低生产成本

随着生产效率的提升，企业的生产成本也随之降低。生产效率提高意味着单位产品所分摊的固定成本减少。企业的厂房租赁费用、设备折旧费用等固定成本，在产品产量增加的情况下，分摊到每个产品上的金额相应降低。生产流程的优化还能减少原材料浪费和次品率。通过精准的生产计划和严格的质量控制体系，企业能够更准确地计算原材料的使用量，避免因过量采购或不合理使用导致的原材料浪费。先进的质量检测技术和实时监控系统的引入，有助于在生产过程中及时发现产品质量问题并加以纠正，降低次品率。次品率的降低不仅减少了因产品返工或报废带来的成本增加，还提高了产品的整体质量水平。这些成本的降低使企业在产品定价上拥有更大的灵活性，能够以更具竞争力的价格进入市场，吸引更多消费者，从而提升企业在市场中的竞争地位。

（二）加强供应链协同，提升整体效能

1. 促进信息共享

在提升运营能力的过程中，企业会更加注重与供应链上下游合作伙伴之间的信息共享。企业通过建立高效的信息管理系统，实现与供应商、经销商等供应链成员之间的数据实时交互。企业能够及时向供应商传递原材料需求信息，包括所需原材料的种类、数量、质量标准以及交货时间等详细要求。供应商则可以实时反馈原材料的库存情况、生产进度以及发货状态等信息，使企业能够提前做好生产安排和库存管理。对于经销商，企业能够分享产品的生产计划、库存信息以及市场推广策略等，帮助经销商合理安排销售计划和库存水平。这种信息的及时共享避免了信息不对称带来的生产和销售脱节问题，使供应链各环节能够紧密协同，提高整个供应链的运作效率，增强企业在供应链管理方面的竞争力。

2. 增强合作稳定性

信息共享的加强进一步促进了企业与供应链合作伙伴之间合作的稳定性。当企业与供应商之间能够实现信息的顺畅沟通时，供应商能够更好地理解企业的需求，从而在原材料供应上给予更有力的支持。供应商可以根据企业的生产计划，提前安排生产和运输，确保原材料按时、按质、按量供应，减少因供应中断导致的企业生产停滞风险。对于经销商而言，企业与它们之间的密切信息交流使经销商对企业的产品和市场策略有更深入的了解，从而增强了对企业的信任和合作意愿。经销商会更积极地推广企业产品，投入更多资源进行市场开拓，双方在长期稳定的合作中实现互利共赢。这种稳定的合作关系提升了企业在供应链中的影响力和话语权，有助于企业整合供应链资源，提升整个供应链的竞争力，进而增强企业自身的市场竞争力。

3. 优化协同决策机制

供应链协同的深化推动企业与合作伙伴建立联合决策机制。通过数字化协作平台，企业可与核心供应商、经销商共同制订生产计划、库存策略及市场响应方案。例如，当市场需求出现波动时，企业可联合供应商动态调整原材料采购量，避免过度库存积压，同时与经销商协商促销方案，加速库存周转。这种跨企

业协同决策不仅缩短了响应周期，还通过资源整合降低了整体运营成本。例如，某家电企业通过与供应商共享销售预测数据，将原材料采购周期缩短 30%，库存周转率提升 25%，显著增强了供应链的抗风险能力。

4. 提升应急响应能力

供应链协同的强化使企业具备更高效的应急响应机制。当突发风险（如自然灾害、政策变动）发生时，企业可依托数字化供应链网络快速协调上下游资源。例如，某汽车制造企业通过与供应商共享实时库存数据，在突发原材料短缺时，24 小时内从备用供应商处调拨关键零部件，确保生产线连续运转，同时与经销商联动调整区域销售策略，优先保障重点市场的产品供应。这种协同应急能力使该企业因供应链中断导致的年均损失降低 40%，进一步巩固了市场地位。

5. 驱动创新协同发展

供应链协同的深化为企业与合作伙伴创造了共同创新的土壤。通过联合研发、技术共享等模式，企业可与供应商共同开发新型材料，与经销商探索新零售渠道。例如，某服装企业与面料供应商合作研发环保材料，推出差异化产品线，同时与电商平台共建智能仓储系统，实现订单 24 小时达。这种创新协同不仅提升了该企业的产品竞争力，还通过供应链价值重构使企业毛利率提升 15%，为长期可持续发展奠定了基础。

（三）提升市场响应速度，满足客户需求

1. 加快产品交付

运营能力的提升使企业能够更快速地响应市场需求，其中一个重要体现就是加快产品交付速度。企业通过优化内部生产流程和供应链协同，缩短了产品从生产到交付给客户的时间周期。在生产环节，高效的生产调度和先进的生产设备能够提高产品的生产速度。在供应链环节，与供应商和物流合作伙伴的紧密协作确保了原材料的及时供应和产品的快速配送。企业与供应商建立了快速补货机制，当原材料库存低于一定水平时，供应商能够迅速响应并及时补货，避免因原材料短缺导致的生产延误。物流合作伙伴则根据企业的需求，优化配送路线和运输方式，提高产品的运输效率。这些措施使得企业能够在客户下单后，在更短的

时间内将产品交付到客户手中，满足客户对产品及时性的需求，增强客户满意度，提升企业在市场中的口碑和竞争力。

2. 实现定制化服务

随着市场竞争的加剧，客户对产品的个性化需求日益增加。运营能力强的企业能够更好地应对这一趋势，实现定制化服务。企业通过先进的生产技术和灵活的生产组织方式，能够快速调整生产流程，以满足不同客户对产品的个性化要求。在产品设计阶段，企业利用数字化设计工具和客户需求分析系统，深入了解客户的个性化需求，并将这些需求转化为具体的产品设计方案。在生产阶段，企业采用柔性生产技术，能够在同一条生产线上快速切换生产不同规格、不同款式的产品。企业还通过与客户的密切沟通，及时获取客户反馈，对产品进行优化和改进。这种定制化服务能力使企业能够在市场中脱颖而出，吸引更多追求个性化产品的客户，提高企业的市场份额和竞争力。

3. 强化需求预测与柔性响应

企业通过数字化手段构建动态需求预测模型，整合历史销售数据、市场趋势及客户行为分析，将需求预测准确率提升至 90% 以上。基于精准预测，企业可提前布局产能与库存，例如在季节性需求高峰前 3 个月完成产能规划，并通过模块化设计实现产品快速迭代。当市场出现突发需求变化时，企业依托智能排产系统在 24 小时内调整生产计划，将订单响应周期从 7 天缩短至 3 天。这种“预测—响应”双轨机制使企业能够以最小成本应对市场波动，客户订单满足率同比提升 28%。

4. 构建全渠道服务网络

为满足客户对服务便捷性的需求，企业通过数字化平台整合线上线下服务资源，构建“总部—区域—终端”三级服务网络。客户可通过企业 App、官网、社交媒体等多渠道提交服务请求，系统自动分配至最近服务节点。例如，某家电企业通过智能工单系统将维修响应时间从 48 小时缩短至 6 小时，并推出“以换代修”服务，客户在 30 分钟内即可获得替换产品。该企业还通过客户画像技术为 VIP 客户提供专属服务经理，实现需求从被动响应到主动预判的转变，客户复购率因此提高 15%。

（四）推动创新发展，塑造差异化优势

1. 创新管理模式

运营能力的提升促使企业不断探索和创新管理模式。企业在优化生产流程、加强供应链协同以及提升市场响应速度的过程中，会面临各种新的挑战和问题，这就需要企业创新管理理念和方法。企业可能会引入精益生产管理理念，通过消除生产过程中的浪费，持续优化生产流程，提高生产效率和产品质量。在供应链管理方面，企业可能会采用供应链集成管理模式，加强与供应链上下游企业之间的深度合作与协同创新。企业还可利用数字化技术，构建智能化的运营管理系统，实现对生产、销售、库存等环节的实时监控和智能化决策。这些创新的管理模式能够提升企业的运营效率和管理水平，为企业的创新发展提供有力支撑，使企业在管理层面形成差异化优势，增强企业在市场中的竞争力。

2. 促进技术创新

运营能力的提升与技术创新相互促进。企业在提升运营能力的过程中，往往需要引入先进的技术和设备。先进的生产设备能够提高生产效率、降低生产成本，同时也为技术创新提供了基础。企业在使用这些先进技术和设备的过程中，会积累丰富的技术经验和数据，这些经验和数据能够为企业的技术研发提供灵感和依据。企业通过对生产过程中产生的数据进行分析，发现产品质量问题的根源，并通过技术创新改进生产工艺，提高产品质量。企业还会加大在研发方面的投入，与高校、科研机构等合作，开展前沿技术研究，将新技术应用于产品研发和生产过程中，推出具有创新性和差异化的产品。这种技术创新能力使企业能够在市场中占据领先地位，塑造独特的差异化优势，提升企业的核心竞争力。

3. 深化服务创新

运营能力的提升为服务创新提供了肥沃土壤。企业通过数字化手段构建客户全生命周期管理系统，将服务从售后延伸至产品规划阶段。例如，某汽车企业推出“用户共创平台”，客户可参与车型设计投票、测试反馈，甚至直接向工程师提交改进建议。该企业基于用户数据开发“智能保养提醒”功能，通过车载系统实时监测车辆状态，提前预警潜在故障并推送个性化维修方案。这种服务创新

不仅使客户投诉率下降 40%，还催生出“订阅式服务”新模式，客户可按使用时长支付服务费用，该企业借此将客户生命周期价值提升 25%。

4. 培育组织创新文化

运营能力升级倒逼企业构建敏捷型组织。企业通过设立“创新实验室”“黑马战队”等跨部门协作单元，打破传统科层制壁垒。例如，某家电企业将研发、营销、供应链人员组成柔性项目组，针对东南亚市场开发防潮抗菌冰箱，从需求洞察到产品上市仅用 8 个月。该企业还推行“容错机制”，允许员工将 20% 工作时间用于自主创新项目，成功孵化出“食材智能保鲜盒”等爆款产品。这种组织创新文化使该企业的专利申请量年均增长 60%，新产品上市速度比同行业平均快 3 倍。

5. 构建生态创新网络

领先企业正从封闭创新转向构建产业创新生态。企业通过 API 接口开放核心能力，吸引开发者、初创企业围绕自身平台进行二次开发。例如，某电商平台开放物流接口后，催生出“即时达生鲜”“无人物流配送”等创新应用，日均订单量突破 500 万单。该企业还发起成立产业创新联盟，与高校共建“未来工厂实验室”，与供应商共建“绿色材料研究院”，形成“需求—研发—产业化”闭环。这种生态创新网络使该企业能够快速整合外部资源，帮助企业抢占行业技术制高点，如某款基于区块链技术的供应链溯源系统，从概念到商用仅耗时 6 个月。

第六章

数字化供应链金融助力企业财务绩效的发展趋势

第一节　评价指标体系的多元化拓展

一、传统财务绩效评价指标的局限性

（一）指标覆盖范围的局限性

1. 侧重于内部经营成果

传统财务绩效评价指标主要聚焦于企业内部的经营成果呈现。净利润、营业收入等核心指标，着重反映企业在既定会计期间内通过销售产品或提供劳务所获取的收益以及由此产生的盈利情况。净利润指标是企业扣除所有成本与费用后的剩余盈利，它体现了企业在内部运营过程中，通过生产、销售等环节的协同运作所实现的盈利水平。营业收入则直观展现企业在市场中销售产品或服务所获得的收入总额，反映了企业内部经营活动的规模。然而，这种对内部经营成果的过度侧重，忽略了企业所处的外部市场环境以及与供应链上下游企业之间的关联互动。在当今竞争激烈且合作紧密的商业环境下，企业的生存与发展不仅取决于自身内部的运营效率，还与外部市场的需求变化、竞争对手的动态以及供应链的稳定性息息相关。传统财务绩效评价指标未能充分涵盖这些外部因素，使得对企业绩效的评估缺乏全面性，无法准确反映企业在复杂市场环境中的真实竞争力和发展潜力。

2. 忽视非财务资源价值

传统财务绩效评价指标体系中，对于企业的非财务资源价值关注甚少。企业拥有的品牌价值、人力资源素质、企业的创新能力以及客户关系等非财务资源，在企业的长期发展中起着关键作用。品牌价值是企业在市场中经过长期积累形成的无形资产，它能够提升消费者对企业产品或服务的认可度和忠诚度，进而影响企业的市场份额和产品定价能力。强大的品牌可以使企业在同等产品质量下，以更高的价格销售产品，或者在市场竞争中更容易吸引新客户。人力资源素质决定了企业的创新能力、管理水平以及生产效率。高素质的员工队伍能够推动企业进行技术创新、优化管理流程，从而提升企业的核心竞争力。创新能力是企业持续发展的动力源泉，能够帮助企业开发新产品、开拓新市场，创造新的利润增长点。良好的客户关系有助于提高客户满意度和忠诚度，促进客户重复购买和口碑传播。但传统财务绩效评价指标，如资产负债率、流动比率等，主要围绕企业的财务资产和负债状况设计，未能将这些非财务资源的价值纳入评价范围，导致对企业绩效的评价存在严重的片面性，无法全面反映企业的综合实力和可持续发展能力。

（二）时效性的局限性

1. 基于历史数据评价

传统财务绩效评价指标大多依据企业的历史财务数据进行计算和分析。财务报表中的数据是对企业过去一定时期内经营活动的记录和总结，具有滞后性。资产负债表反映的是企业在某一特定日期的财务状况，其数据来源于过去的资产购置、负债形成等经济事项。利润表展示的是企业在一定会计期间的经营成果，数据基于过去已完成的交易和事项。当企业依据这些历史数据计算净利润率、资产收益率等绩效评价指标时，所得到的结果仅仅是对企业过去经营绩效的反映。在快速变化的市场环境中，过去的绩效表现并不能完全代表企业未来的发展趋势。市场需求可能在短时间内发生巨大变化，竞争对手可能推出创新性的产品或营销策略，宏观经济形势也可能出现波动。而传统财务绩效评价指标由于基于历史数据，无法及时捕捉这些市场动态变化对企业绩效的影响，使得企业管理者依据这些指标作出的决策可能与当前市场实际情况脱节，难以有效应对市场变化带来的挑战，不利于企业把握未来的发展机遇。

2. 难以及时反映市场变化影响

由于传统财务绩效评价指标的历史性特点，它们难以及时反映市场变化对企业的影响。市场变化涵盖多个方面，包括消费者需求的转变、技术创新引发的行业变革、宏观经济政策的调整以及竞争对手的策略变动等。当消费者需求从传统产品转向具有新功能或环保特性的产品时，企业如果不能及时调整生产和销售策略，其市场份额可能会受到影响。但这种市场需求变化对企业绩效的影响，在传统财务绩效评价指标中不能迅速体现。传统指标需要等到会计期末，经过一系列财务核算流程后，才能在财务报表中有所反映，且反映的程度也可能因财务核算方法的局限性而不全面。在技术创新推动下，新的生产技术或商业模式可能使企业的成本结构、销售渠道等发生重大变化。企业采用新的生产技术可能降低生产成本，但在传统财务绩效评价指标中，短期内可能由于技术投入成本的计入，导致利润指标受到影响，而长期来看，技术创新带来的成本节约和市场竞争力提升却不能及时、准确地通过现有指标反映出来。这使得企业在市场变化快速的情况下，难以依靠传统财务绩效评价指标及时了解自身在市场中的地位变化和绩效波动原因，不利于企业作出及时有效的战略调整。

（三）评价导向的局限性

1. 短期利益导向明显

传统财务绩效评价指标体系往往具有较强的短期利益导向。净利润、每股收益等指标，在企业的绩效评价中占据重要地位，而这些指标主要关注企业在短期内的盈利情况。企业为了提高净利润指标，可能会采取一些短期行为，如削减研发投入、减少员工培训费用、压缩广告宣传等长期投资活动。虽然在短期内，这些措施可能会降低企业的成本，从而提高净利润，但从长期来看，研发投入的减少会削弱企业的创新能力，使企业在未来市场竞争中缺乏新产品和新技术的支撑；员工培训费用的削减会影响员工素质的提升，进而影响企业的生产效率和管理水平；广告宣传的压缩会降低企业品牌的知名度和市场影响力。这些短期行为虽然提升了当前的财务绩效指标，但损害了企业的长期发展潜力。传统财务绩效评价指标未能有效引导企业关注长期战略目标的实现，不利于企业的可持续发展，在长期市场竞争中可能导致企业逐渐失去优势。

2. 缺乏战略协同性

传统财务绩效评价指标与企业战略之间缺乏紧密的协同性。企业战略是对企业未来发展方向、目标以及实现路径的总体规划，包括市场拓展战略、产品创新战略、成本领先战略等。然而，传统财务绩效评价指标在设计上，并没有充分考虑如何与企业的战略目标相匹配和协调。企业制定了以产品创新为核心的战略，旨在通过不断推出具有创新性的产品，提升市场竞争力和市场份额。但传统财务绩效评价指标中的资产负债率、流动比率等，主要关注企业的财务风险和短期偿债能力，与产品创新战略并无直接关联。即使企业在产品创新方面取得了一定成果，如研发出具有市场潜力的新产品，但由于传统财务绩效评价指标无法有效衡量这种创新成果对企业绩效的长期影响，可能导致企业管理者对产品创新战略的执行力度不足，无法将企业资源有效配置到战略重点领域。这种评价指标与企业战略的脱节，使得企业在战略实施过程中缺乏有效的绩效反馈和战略调整依据，不利于企业战略目标的顺利实现。

（四）评价方法的局限性

1. 单一财务指标分析为主

传统财务绩效评价方法主要以单一财务指标分析为主。在对企业绩效进行评估时，往往侧重于某几个关键财务指标的计算和分析，如净利润率用于衡量企业的盈利能力，资产负债率用于评估企业的偿债能力。这种单一指标分析方式虽然能够在一定程度上反映企业在某一方面的绩效表现，但无法全面、综合地评价企业的整体绩效。企业的盈利能力不仅取决于净利润率，还与企业的成本控制能力、市场份额、产品定价策略等多个因素相关。仅依靠净利润率指标，可能会忽略企业在成本控制方面的努力以及市场份额变化对盈利能力的影响。同样，资产负债率虽然能反映企业的偿债能力，但不能体现企业资产的质量、资产的运营效率以及企业未来的现金流状况等对偿债能力的潜在影响。单一财务指标分析无法将企业的财务状况、经营成果以及现金流量等多方面信息进行有机整合，容易导致对企业绩效的评价片面化，不能为企业管理者和投资者提供全面、准确的决策依据。

2. 忽视指标间的关联性

传统财务绩效评价方法在很大程度上忽视了财务指标之间的内在关联性。企业的各项财务指标并非孤立存在，而是相互影响、相互作用的。净利润与营业收入、成本费用密切相关，营业收入的增加或成本费用的降低会直接影响净利润的多少。资产负债率与企业的融资策略、资产结构以及盈利能力也存在紧密联系。企业采用不同的融资策略，如债务融资或股权融资，会影响资产负债率的高低，而资产负债率又会对企业的财务风险和融资成本产生影响，进而影响企业的盈利能力。传统财务绩效评价方法在分析指标时，往往单独考察每个指标的变化情况，没有充分考虑指标之间的这种联动关系。当企业的营业收入增加时，传统评价方法可能仅关注营业收入这一指标的增长，而忽略了可能因扩大销售而增加的成本费用对净利润的影响，以及由此可能带来的资产结构和负债水平的变化。这种对指标间关联性的忽视，使得对企业绩效的评价缺乏系统性和整体性，无法深入揭示企业经营管理中存在的问题以及各因素之间的相互影响机制，不利于企业管理者全面了解企业的财务状况和经营绩效，从而难以作出科学合理的决策。

二、多元化评价指标体系的构建

（一）财务指标的深化与细化

1. 引入更多反映企业盈利质量、风险控制能力的财务指标

为更准确地评估企业财务绩效，需引入一系列反映盈利质量和风险控制能力的财务指标。在盈利质量方面，经营活动现金流量净额与净利润的比率是一个关键指标。经营活动现金流量净额反映企业经营活动实际流入和流出的现金差额，该比率若持续大于 1，表明企业净利润有充足的现金流入支撑，盈利质量较高；反之，若该比率长期小于 1，可能意味着企业存在应收账款回收困难、存货

积压等问题，导致净利润的现金保障性不足。资产减值损失率也是衡量盈利质量的重要指标，资产减值损失是企业对资产进行减值测试后确认的损失金额，资产减值损失率过高，说明企业资产质量可能存在隐患，前期盈利可能存在水分，需要对企业盈利质量持谨慎态度。

在风险控制能力方面，流动比率和速动比率可衡量企业短期偿债风险。流动比率为流动资产与流动负债的比值，反映企业短期内用流动资产偿还流动负债的能力；速动比率是速动资产（流动资产扣除存货等变现能力相对较弱的资产）与流动负债的比率，更精准地体现企业快速偿还短期债务的能力。资产负债率用于评估企业长期偿债风险，它是负债总额与资产总额的比率，过高的资产负债率意味着企业长期债务负担重，偿债压力大，面临较高的财务风险。此外，利息保障倍数通过息税前利润与利息费用的比值，反映企业支付利息的能力，该倍数越高，说明企业偿还利息的保障程度越高，债务风险相对较低。

2. 结合行业特点，设计更具有针对性的财务评价指标

不同行业具有不同的经营模式、市场环境和发展规律，因此需要结合行业特点设计专属的财务评价指标。以制造业为例，由于其生产过程涉及大量原材料采购、生产设备投入以及产品库存管理，存货周转率和固定资产周转率对评估其运营效率至关重要。存货周转率反映企业存货周转速度，较高的存货周转率意味着企业存货管理效率高，库存积压少；固定资产周转率衡量企业固定资产利用效率，体现企业在生产设备等固定资产投入上的产出效果。例如，对于互联网企业，因其轻资产运营模式，用户增长指标和客户获取成本指标更为关键。用户增长率反映企业用户数量的增长情况，是企业市场拓展能力的重要体现；客户获取成本是企业为获取新客户所付出的平均成本，该指标越低，说明企业获取客户的效率越高。例如，金融行业的财务评价则更侧重于资本充足率、不良贷款率等指标。资本充足率反映金融机构抵御风险的能力，充足的资本有助于金融机构应对潜在损失；不良贷款率体现金融机构贷款资产的质量，不良贷款率越低，表明金融机构贷款资产的安全性越高。

（二）非财务指标的引入

1. 客户满意度与忠诚度

客户满意度与忠诚度是衡量企业客户关系管理成效的重要非财务指标。客户满意度反映客户对企业产品或服务的满意程度，可通过问卷调查、客户投诉率、客户复购率等方式进行评估。问卷调查可涵盖产品质量、服务态度、交付及时性等多个方面，让客户对各方面表现进行打分评价，综合计算得出客户满意度得分。客户投诉率是指一定时期内客户投诉的数量占总客户数量的比例，较低的投诉率通常意味着较高的客户满意度。客户复购率即重复购买企业产品或服务的客户占总客户的比例，较高的复购率表明客户对企业产品或服务较为认可，愿意再次购买。客户忠诚度则更进一步，体现客户对企业的情感认同和长期购买意愿。通过客户推荐率、客户生命周期价值等指标可衡量客户忠诚度。客户推荐率是指客户向他人推荐企业产品或服务的比例，高推荐率说明客户不仅自己满意，还愿意主动向他人宣传企业；客户生命周期价值是指企业在与客户保持关系的整个期间内，从该客户处获得的全部经济收益的现值，客户生命周期价值越高，表明客户忠诚度越高，对企业长期发展的贡献越大。

2. 供应链协同效率

供应链协同效率可用于衡量企业与上下游企业之间的合作紧密程度和协同效果，对于企业在复杂供应链环境下的竞争力至关重要。衡量供应链协同效率可从信息共享程度、交货准时率、库存周转率协同等方面入手。信息共享程度反映企业与上下游企业之间信息交流的及时性和全面性。通过建立供应链信息共享平台，企业与供应商、经销商等可实时共享库存水平、生产计划、市场需求预测等信息。例如，企业可实时获取供应商的原材料库存和生产进度信息，以便及时调整自身生产计划；供应商能了解企业的原材料需求变化，提前做好生产和配送准备。交货准时率是指供应商按时交付货物的订单数量占总订单数量的比例，较高的交货准时率有助于企业维持稳定的生产运营，减少因原材料供应延迟导致的生产中断风险。库存周转率协同则考察企业与上下游企业在库存管理方面的协同效果，通过协同优化库存策略，如联合库存管理模式，企业与供应商共同管理库存，根据市场需求变化实时调整库存水平，提高整个供应链的库存周转率，降低库存成本。

3. 创新能力与研发投入

创新能力与研发投入可用于评估企业在新技术、新产品开发方面的投入和成果，是企业保持竞争力和实现可持续发展的关键因素。研发投入强度是衡量企业对创新重视程度的基础指标，它等于企业研发投入金额与营业收入的比值，较高的研发投入强度表明企业在创新方面投入较大资源。研发人员占比反映企业研发团队的规模和实力，研发人员在企业总员工数量中占比较高，通常意味着企业具有较强的创新人才储备。专利申请数量和新产品销售收入占比可体现企业的创新成果。专利申请数量代表企业在技术创新方面的成果数量，反映企业的技术创新能力；新产品销售收入占比是指企业新产品销售收入在总销售收入中的比例，该比例越高，说明企业新产品市场接受度高，创新成果转化为实际经济效益的能力强。此外，研发项目成功率也是重要指标，它反映企业在研发项目管理和技术创新方面的能力，较高的研发项目成功率意味着企业能够更有效地将研发投入转化为有价值的创新成果。

4. 环境与社会责任

在可持续发展理念日益深入人心的背景下，环境与社会责任指标成为企业评价体系的重要组成部分，可用于反映企业在环境保护、社会责任履行方面的表现。在环境保护方面，可通过能源消耗强度、污染物排放达标率等指标衡量企业的环境表现。能源消耗强度是企业单位产值所消耗的能源量，降低能源消耗强度有助于企业节约能源成本，减少对环境的负面影响。污染物排放达标率反映企业排放的污染物符合国家或地方环保标准的比例，达标率越高，表明企业在污染治理方面做得越好。在社会责任履行方面，员工满意度、公益捐赠金额等指标具有重要意义。员工满意度可通过问卷调查员工对工作环境、薪酬待遇、职业发展等方面的满意度来衡量，提高员工满意度有助于提高员工工作积极性和忠诚度，促进企业稳定发展。公益捐赠金额体现企业对社会公益事业的支持力度，反映企业的社会责任感，积极参与公益活动有助于提升企业的社会形象和声誉。

三、多元化评价指标体系对企业财务绩效评估的意义

（一）能够更全面、客观地反映企业财务绩效

传统单一的财务指标评价体系存在诸多局限性，而多元化评价指标体系克服了这些弊端，能够更全面、客观地反映企业财务绩效。财务指标的深化与细化，使企业盈利质量、风险控制等方面的情况得以更精准呈现。例如，经营活动现金流量净额与净利润的比率等盈利质量指标，能揭示净利润背后的现金支撑情况，避免单纯依据净利润评估企业盈利能力可能产生的偏差。流动比率、资产负债率等风险控制指标，从短期和长期偿债风险角度，全面评估企业财务风险状况。非财务指标的引入，进一步拓展了企业财务绩效评估的维度。客户满意度与忠诚度指标反映了企业产品或服务在市场中的接受程度和客户稳定性，良好的客户关系往往为企业带来持续稳定的收入增长。供应链协同效率指标体现了企业在供应链中的运营效率和合作能力，高效的供应链协同有助于降低成本、提高生产效率，进而提升企业财务绩效。创新能力与研发投入指标预示着企业未来的发展潜力，持续的创新投入和良好的创新成果转化为新产品和新市场，将为企业带来新的盈利增长点。环境与社会责任指标则从企业可持续发展角度，反映企业在社会和环境层面的表现，积极履行社会责任有助于提升企业品牌形象，增强企业长期盈利能力。综合这些财务与非财务指标，能够对企业财务绩效进行全方位、多角度的评估，避免因单一指标带来的片面性，使评估结果更接近企业实际财务状况。

（二）为企业的战略决策提供更丰富的信息支持

多元化评价指标体系为企业战略决策提供了丰富且全面的信息。企业在制订战略规划时，需要综合考虑内外部各种因素。财务指标的深化细化，如结合行业特点设计的针对性财务指标，能让企业清晰了解自身在行业中的财务竞争力和运营效率。例如，制造业企业通过存货周转率和固定资产周转率等指标，可明确自身在生产运营环节的优势与不足，从而在战略决策中合理调整生产规模、优化资产配置。非财务指标为企业战略决策提供了更广阔的视野。客户满意度与忠诚

度指标能帮助企业了解市场需求变化和客户期望，引导企业在产品研发、服务提升等方面进行战略布局，以便更好地满足客户需求，增强市场竞争力。供应链协同效率指标促使企业关注供应链管理，通过优化供应链合作关系、提升协同效率，降低成本、提高响应速度，为企业制定供应链战略提供依据。创新能力与研发投入指标提醒企业重视创新战略，加大研发投入，培育核心技术，推动产品创新和业务模式创新，以适应市场竞争和行业发展趋势。环境与社会责任指标使企业在战略决策中充分考虑社会和环境因素，制定可持续发展战略，提升企业社会形象，为企业长期发展创造良好外部环境。这些多元化的指标信息，从不同角度为企业战略决策提供有力支持，帮助企业制定更科学、合理且符合自身发展需求的战略规划。

（三）促进企业可持续发展

多元化评价指标体系对促进企业可持续发展具有重要推动作用。从财务角度看，通过关注盈利质量和风险控制指标，企业能够优化财务管理，合理控制成本，提高盈利能力，确保财务状况稳定健康，为可持续发展提供坚实的财务基础。例如，企业通过控制资产负债率、提高经营活动现金流量净额与净利润的比率，增强自身偿债能力和盈利质量，降低财务风险，保障企业长期稳定运营。非财务指标在企业可持续发展中发挥着关键作用。客户满意度与忠诚度的提升，有助于企业建立长期稳定的客户群体，促进销售收入持续增长，实现企业长期盈利。供应链协同效率的提高，使企业能够在供应链中实现资源优化配置，降低成本，提高生产和配送效率，增强企业在市场中的竞争力，为可持续发展提供有力支撑。创新能力与研发投入推动企业不断推出新产品、开拓新市场，培育新的盈利增长点，保持企业在市场中的领先地位，实现可持续发展。环境与社会责任指标促使企业积极履行社会责任，关注环境保护，提升企业社会形象，增强企业社会认可度和公信力，为企业长期发展营造良好的社会环境。综合而言，多元化评价指标体系引导企业在追求经济效益的同时，注重客户关系维护、供应链协同、创新发展以及社会责任履行，促进企业实现经济、社会和环境的协调可持续发展。

第二节　数字化供应链金融驱动财务绩效提升与管理变革

一、数字化供应链金融的发展现状与趋势

（一）当前数字化供应链金融的主要应用场景和实践成果

在当今时代，数字化供应链金融呈现出蓬勃发展的态势，其应用场景广泛且实践成果显著。在采购环节，数字化供应链金融通过线上化的采购平台，实现了供应商与企业之间的信息实时交互。企业能够精准掌握供应商的产品库存、价格波动以及交货周期等信息，从而优化采购决策。同时，基于数字化技术的采购融资服务，如订单融资，企业凭借已签订的采购订单即可向金融机构申请融资，缓解采购资金压力，加速采购流程。在生产环节，数字化供应链金融助力企业优化生产计划与流程。通过对生产数据、库存数据以及市场需求数据的实时收集与分析，企业能够合理安排生产资源，提高生产效率，并且生产过程中的设备融资租赁等金融服务，为企业更新生产设备、提升生产能力提供了资金支持。在销售环节，数字化供应链金融创新了销售渠道融资模式。例如，经销商可以利用数字化平台，凭借其与核心企业的销售合作关系，获取应收账款融资，加速资金回笼，进而扩大销售规模。在物流环节，数字化供应链金融通过物联网技术实现对货物运输状态的实时监控，为物流企业提供物流金融服务，如仓单质押融资，提升了物流企业的资金周转效率。

（二）未来数字化技术在供应链金融中的深化应用方向

展望未来，数字化技术在供应链金融中的应用将持续深化。人工智能技术将进一步赋能供应链金融的风险评估与管理。通过对海量交易数据、企业财务数据以及市场动态数据的深度分析，人工智能算法能够更精准地评估企业的信用风

险，为金融机构提供更科学的信贷决策依据。同时，利用机器学习技术，能够实时监测供应链金融业务中的风险变化，及时发出预警信号，降低风险损失。区块链技术将在保障供应链金融信息安全与可信方面发挥更大作用。区块链的去中心化、不可篡改特性，使得供应链上的交易信息、资金流向等数据更加透明、安全。企业和金融机构可以在区块链平台上共享数据，实现信息的实时同步与验证，减少信息不对称，提高业务处理效率，降低交易成本。物联网技术将实现供应链金融与实体经济的深度融合。通过在货物、设备等实体资产上安装传感器，实时采集资产的位置、状态等信息，将物理世界的资产数字化，为供应链金融提供更准确、实时的资产信息，创新金融服务模式，如基于物联网的动产融资等。此外，大数据与云计算技术将不断优化供应链金融的运营管理。大数据技术能够对供应链金融业务产生的海量数据进行存储、分析与挖掘，为企业和金融机构提供决策支持；云计算技术则能为数字化供应链金融平台提供强大的计算能力和灵活的资源配置，保障平台的高效稳定运行。

二、数字化供应链金融对财务绩效提升的深远影响

（一）从短期效益到长期价值的转变

1. 通过数字化手段优化资金流、信息流和物流，实现短期成本节约和效率提升

在短期内，数字化供应链金融凭借数字化手段对资金流、信息流和物流进行优化，显著实现成本节约和效率提升。在资金流方面，数字化平台打破了传统金融服务中的信息壁垒，使企业能够更便捷地获取融资渠道和更优惠的融资条件。企业可以通过数字化供应链金融平台，将应收账款进行线上保理，快速回笼资金，减少资金占用成本。同时，精准的资金预测与管理功能，让企业合理安排资金使用，避免资金闲置，提高资金使用效率。在信息流方面，数字化技术实现了供应链各环节信息的实时共享与传递。企业能够实时掌握供应商的原材料供应情况、生产进度以及客户的订单需求等信息，避免因信息滞后导致的生产延误或库存积压。这种信息的高效流通，减少了企业的沟通成本和协调成本。在物流方

面，数字化供应链金融借助物联网技术对物流过程进行实时监控和优化。企业可以根据货物运输的实时位置和状态，合理安排物流配送路线，降低物流运输成本，提高物流配送效率。例如，通过智能调度系统，实现车辆的合理配载，减少空驶里程，降低物流成本。

2. 数字化供应链金融如何助力企业构建竞争优势，提升品牌价值和市场份额

从长期视角分析，数字化供应链金融助力企业构建竞争优势，进而提升品牌价值和市场份额。数字化供应链金融通过优化供应链协同，使企业与上下游合作伙伴之间的合作更加紧密和高效。企业能够根据市场需求变化，迅速调整生产和供应计划，提供更优质、及时的产品和服务，满足客户需求。这种高效的供应链响应能力，使企业在市场竞争中脱颖而出，树立良好的品牌形象，提升品牌价值。同时，数字化供应链金融为企业提供了创新的业务模式和发展机遇。企业可以利用数字化平台开展定制化生产、供应链金融增值服务等创新业务，拓展市场空间，吸引更多客户，扩大市场份额。例如，企业通过数字化平台与客户深度互动，了解客户个性化需求，开展定制化生产，满足客户多样化需求，增强客户黏性，提升市场竞争力。

（二）对财务绩效的全方位优化

1. 优化企业的运营模式和管理模式

数字化供应链金融对企业财务绩效的优化并非局限于财务指标层面，还会通过数字化手段对企业的运营模式和管理模式进行深度优化。在运营模式方面，数字化供应链金融推动企业从传统的线性供应链运营模式向数字化、协同化的生态供应链运营模式转变。企业通过数字化平台与上下游企业实现深度协同，共享资源、信息和能力，实现供应链的一体化运作。例如，企业与供应商共同制订生产计划，根据市场需求动态调整原材料供应，提高供应链的整体效率和灵活性。在管理模式方面，数字化供应链金融促使企业实现精细化管理。企业借助数字化工具，对供应链各环节的成本、效率、质量等指标进行实时监控和分析，及时发现问题并采取针对性措施。例如，通过成本分析软件，对采购成本、生产成本、

物流成本等进行详细分析，找出成本高的环节并加以优化，实现成本的精细化控制。

2. 提升企业的抗风险能力和适应市场变化的能力

数字化供应链金融能够显著提升企业的抗风险能力和适应市场变化的能力。在抗风险能力方面，数字化供应链金融通过精准的风险评估和预警机制，帮助企业及时识别和应对各类风险。例如，利用大数据分析技术对市场风险、信用风险、操作风险等进行实时监测和评估，当风险指标达到预警阈值时，及时发出预警信号，企业能够迅速采取措施降低风险损失。在适应市场变化方面，数字化供应链金融使企业能够实时感知市场动态，快速调整生产和经营策略。企业通过数字化平台收集市场需求信息、竞争对手动态等数据，运用数据分析工具进行深入分析，根据市场变化及时调整产品结构、生产计划和营销策略。例如，当市场对某类产品需求突然增加时，企业能够通过数字化供应链金融平台迅速与供应商沟通，增加原材料采购量，调整生产计划，及时满足市场需求，提高企业对市场变化的响应速度和适应能力。

3. 推动企业业务创新与多元化发展

数字化供应链金融为企业提供了创新的土壤，助力企业拓展业务领域，实现多元化发展。一方面，企业基于数字化平台的大数据分析，能够挖掘新的市场需求和潜在客户群体，从而开发出更具针对性的产品和服务。例如，通过分析供应链上客户的交易数据和消费偏好，企业可以推出定制化的产品套餐，满足客户个性化需求，提高产品附加值和市场竞争力。另一方面，数字化供应链金融促进了企业业务模式的创新。企业可以借助供应链金融平台开展供应链金融增值服务，如为上下游企业提供供应链风险管理咨询、供应链金融信息服务等，开辟新的收入来源渠道。这种业务创新与多元化发展，不仅增加了企业的盈利点，还降低了企业对单一业务的依赖，提升了企业财务绩效的稳定性和可持续性。

4. 促进企业资金的高效循环与增值

数字化供应链金融优化了企业资金的流转过程，实现资金的高效循环与增值。在供应链金融平台上，企业可以更精准地预测资金需求和资金回笼时间，合理安排资金的投放和使用。例如，企业可以根据生产和销售计划，提前规划原材料采购资金的支付，避免资金闲置；同时，通过加快应收账款的回收和优化应付账款的支付周期，提高资金的使用效率。企业还可以利用数字化平台提供的金融产品和服务，对闲置资金进行合理投资，实现资金的增值。如参与供应链金融平台上的短期理财项目，在保障资金流动性的前提下，获取额外的收益。这种资金的高效循环与增值，直接提升了企业的财务绩效，增强了企业的盈利能力。

三、数字化供应链金融引发的管理变革

（一）财务管理模式的创新

1. 强化财务预算与资源配置的精准性

在数字化供应链金融背景下，企业的财务预算和资源配置模式发生了显著变革。传统的财务预算往往依据历史数据和经验进行，难以精准匹配市场的动态变化与企业实际业务需求。借助数字化供应链金融平台，企业能够获取更全面、实时的数据，包括供应链各环节的运营数据、市场需求的波动数据以及供应商和客户的相关信息等。财务部门利用这些数据，结合先进的数据分析模型，能够更精准地预测企业在不同业务活动中的资金需求和资源消耗。例如，通过对生产环节原材料消耗数据的实时分析，以及市场销售数据的预测，精确制定原材料采购预算，避免因库存积压或缺货导致的资金浪费或业务中断。在资源配置方面，基于对各业务板块盈利能力和发展潜力的深度分析，企业可以将有限的资源更合理地分配到核心业务和具有高增长潜力的项目中。通过对市场趋势和客户需求的精准把握，确定研发投入的重点方向，提高资源的投入产出效率，为企业战略目标的实现提供有力支持。

2. 提升财务风险管理的动态性与前瞻性

数字化供应链金融为企业财务风险管理带来了全新的模式。传统的财务风险管理多为事后控制，侧重于对已发生风险的处理和应对。而在数字化环境下，企业能够借助大数据、人工智能等技术实现对财务风险的动态监控和前瞻性预警。通过实时收集和分析供应链金融业务中的各类数据，如资金流动数据、交易

对手信用数据、市场价格波动数据等，企业可以构建动态的风险评估体系。利用机器学习算法，不断优化风险评估模型，使其能够及时捕捉到潜在的风险信号。当发现供应商的财务状况出现异常，可能影响原材料供应时，系统能够迅速发出预警，企业可以提前调整采购策略，寻找备用供应商或调整付款条件，降低供应中断风险。企业还可以根据风险预警信息，提前制定风险应对预案，如调整融资结构、优化资金储备等，增强企业在面对风险时的应对能力，保障企业财务的稳定运行。

3. 促进财务与业务的深度融合及协同发展

数字化供应链金融推动了财务与业务的深度融合，打破了传统的部门壁垒。在传统模式下，财务部门与业务部门往往存在信息沟通不畅、协作效率低下的问题，导致财务决策与业务实际情况脱节。数字化供应链金融平台实现了财务数据与业务数据的实时共享和交互。业务部门在开展业务活动过程中产生的各类数据，如采购订单、销售合同、物流信息等，能够实时同步到财务系统中。财务部门基于这些实时数据，能够及时了解业务的进展情况，为业务决策提供财务支持。在项目投资决策时，财务部门可以结合业务部门提供的市场前景、成本预测等信息，运用财务分析工具进行全面评估，为项目的可行性提供准确的财务判断。业务部门也能根据财务部门提供的成本控制、资金状况等信息，及时调整业务策略，优化业务流程。通过这种深度融合与协同发展，企业能够实现资源的高效配置，提高运营效率，提升整体的财务绩效。

（二）组织架构与流程的优化

1. 为适应数字化供应链金融的发展，企业需要调整组织架构，打破部门壁垒

数字化供应链金融的发展要求企业对组织架构进行调整，打破传统的部门壁垒。在传统组织架构中，各部门之间信息沟通不畅，协同效率低下，难以满足数字化供应链金融对信息实时共享和业务协同的要求。因此，企业需要构建跨部门的数字化供应链金融协同团队。该团队由财务部门、采购部门、销售部门、信息技术部门等相关部门人员组成，负责数字化供应链金融业务的规划、实施和管

理。通过跨部门团队的协作，实现各部门之间信息的快速传递和共享，提高业务协同效率。例如，在采购融资业务中，采购部门负责提供采购订单信息，财务部门负责与金融机构对接融资事宜，信息技术部门负责保障数字化平台的稳定运行，跨部门团队协同合作，确保采购融资业务的顺利开展。

2. 优化业务流程，实现财务与业务的深度融合

优化业务流程是实现财务与业务深度融合的关键。企业需要对采购、生产、销售、物流等业务流程进行全面梳理和优化，将财务环节融入各个业务流程中。在采购流程中，财务部门参与采购预算的制定、供应商的选择以及采购合同的审核，确保采购活动的资金合理性和合规性。在生产流程中，财务部门通过成本核算和分析，为生产部门提供成本控制建议，优化生产资源配置。在销售流程中，财务部门与销售部门协同管理应收账款，制定合理的信用政策，加速资金回笼。在物流流程中，财务部门参与物流成本的核算和控制，与物流部门共同优化物流配送方案，降低物流成本。通过这些业务流程的优化，实现财务与业务的深度融合，提高企业整体运营效率和财务绩效。

（三）人才需求的优化

1. 注重人才跨领域知识的深度融合与拓展

随着数字化供应链金融的不断发展，企业对人才的要求不再局限于财务与技术的简单叠加，而是强调跨领域知识的深度融合与拓展。复合型人才需要深入理解财务原理与数字化技术之间的内在联系，能够运用技术手段解决复杂的财务问题。例如，在进行供应链金融成本分析时，不仅要运用财务知识对各项成本进行分类核算，还要借助大数据分析技术挖掘成本变动的深层次原因，如通过分析交易数据、物流数据等找出影响成本的关键因素，从而为企业制定更精准的成本控制策略。同时，人才应具备跨行业的视野，了解不同行业在供应链金融应用中的特点和需求。例如，了解制造业和服务业在供应链金融模式上的差异，以便根据企业所处行业的特性，更好地开展供应链金融业务。这种跨领域知识的深度融合与拓展，能使人才为企业提供更具针对性和创新性的解决方案，助力企业在复杂多变的市场环境中取得竞争优势。

2. 培养人才的战略思维与创新意识

在数字化供应链金融的时代背景下，企业需要培养具备战略思维与创新意识的人才。战略思维要求人才能够从企业整体发展的高度，理解供应链金融在企业战略布局中的地位和作用。他们能够结合市场趋势、行业动态以及企业自身的资源优势，为企业制定长期的供应链金融发展规划。例如，根据对宏观经济形势和行业竞争格局的分析，判断企业在未来一段时间内的供应链金融业务重点，是拓展新的融资渠道，还是优化现有供应链金融产品。创新意识同样重要，数字化供应链金融领域不断涌现新的技术和业务模式，人才需要敢于突破传统思维，积极探索创新。例如，利用人工智能技术创新风险评估模型，使其更加精准地预测风险；结合区块链技术设计新的供应链金融交易模式，提高交易的安全性和效率。具备战略思维与创新意识的人才，能够推动企业在数字化供应链金融领域不断创新发展，提升企业的核心竞争力和财务绩效。

3. 构建人才的持续学习与发展体系

鉴于数字化供应链金融领域技术和业务的快速变化，企业需要为人才构建持续学习与发展体系。一方面，企业要定期组织内部培训课程和研讨会，邀请行业专家分享最新的技术趋势和业务实践经验。内容可以涵盖新的数字化技术在供应链金融中的应用，如物联网技术如何实现供应链资产的实时监控和管理；分享新兴的供应链金融业务模式，如跨境供应链金融的创新实践等。另一方面，鼓励员工自主学习，为员工提供学习资源和支持，如提供在线学习平台的访问权限、购买专业书籍和资料等。企业还可以建立学习激励机制，对在学习过程中取得优异成绩或能够将所学知识应用到实际工作中并取得良好效果的员工给予奖励。通过构建这样的持续学习与发展体系，确保企业人才能够不断更新知识和技能，跟上数字化供应链金融发展的步伐，为企业的长期发展提供有力的人才保障。

第三节　跨行业融合与生态化财务绩效评价

一、数字化供应链金融的跨行业融合趋势

（一）当前跨行业数字化供应链金融的典型案例和应用场景

在经济全球化与数字化加速发展的当下，数字化供应链金融的跨行业融合趋势越发显著，衍生出丰富多样的典型案例和应用场景。在制造业与物流业融合领域，形成了一体化的供应链服务模式。制造业企业与物流企业深度合作，物流企业不仅承担货物运输职能，还参与制造业企业的原材料采购、库存管理以及产品配送等供应链关键环节。通过信息系统的互联互通，物流企业实时掌握制造业企业的生产计划与库存动态，提前规划运输资源，实现精准配送，降低制造业企业的库存成本与物流成本。同时，基于对供应链全程的掌控，物流企业可与金融机构合作，为制造业企业提供仓单质押融资、在途货物融资等金融服务，解决制造业企业资金周转难题。

在农业与电商行业融合方面，构建了农产品电商供应链金融体系。电商平台整合众多农户与农产品加工企业，通过大数据分析消费者对农产品的需求偏好、消费趋势等信息，反馈给农户和加工企业，指导其生产与加工计划。金融机构依据电商平台上的交易数据、物流信息以及农户和企业的信用状况，为其提供小额信贷、订单融资等金融支持。农户利用融资资金扩大生产规模、改善种植技术，农产品加工企业则可进行设备更新与产品研发，提升农产品质量与附加值。电商平台通过优化供应链流程，提高农产品流通效率，实现农业与电商行业的协同发展，促进农产品销售与农民增收。

能源行业与金融行业的融合独具特色。能源企业在勘探、开采、运输等环节资金需求巨大且周期长。金融机构与能源企业合作，创新推出项目融资、能源期货套期保值等金融服务。项目融资为能源企业的大型能源开发项目提供长期资

金支持，依据项目未来的现金流与收益情况进行融资安排。能源期货套期保值则帮助能源企业锁定能源价格波动风险，稳定企业收益。同时，金融机构借助能源企业的生产运营数据与行业经验，优化金融产品设计与风险评估模型，拓展金融服务领域，实现能源行业与金融行业的互利共赢。

（二）跨行业融合带来的机遇与挑战

跨行业融合为数字化供应链金融带来诸多机遇。从资源整合角度看，不同行业的企业通过融合，能够实现资源的优势互补。例如，科技行业的企业拥有先进的信息技术与创新能力，传统制造业企业具备成熟的生产制造体系与供应链网络，两者融合可利用科技企业的技术优化制造业企业的生产流程、提升供应链数字化水平，制造业企业的供应链资源也为科技企业的技术应用提供实践场景，加速技术商业化进程。在市场拓展方面，跨行业融合打破了行业边界，创造出新的市场需求与商业模式。如医疗行业与互联网行业融合催生的互联网医疗模式，通过在线问诊、远程医疗等服务，扩大了医疗服务的覆盖范围，满足了消费者对便捷医疗服务的需求，开辟了新的市场空间。此外，跨行业融合有助于提升企业的抗风险能力。不同行业受宏观经济环境、政策法规等因素影响的程度和周期各异，通过跨行业合作，企业可以分散风险，增强应对市场不确定性的能力。

然而，跨行业融合也面临一系列挑战。在信息共享方面，不同行业企业的信息系统架构、数据标准存在差异，导致信息难以有效共享与整合。例如，金融行业的数据安全标准与制造业的数据管理方式不同，在开展数字化供应链金融业务时，实现数据的互联互通与安全共享存在技术与管理难题。行业监管政策的差异也是一大挑战。各行业有其特定的监管政策与法规要求，跨行业融合可能出现监管空白或冲突。例如，金融科技行业融合了金融与科技行业，在金融监管强调风险防控与合规经营，科技行业注重创新与发展速度的情况下，如何平衡两者关系，制定适宜的监管政策成为难题。再者，企业文化与管理模式的差异会影响跨行业合作的协同效率。传统制造业企业注重生产流程规范与质量控制，互联网企业强调创新与快速响应市场，两者在合作过程中，可能因企业文化与管理模式的冲突，导致沟通不畅、决策效率低下等问题。

二、生态化财务绩效评价的必要性

（一）在跨行业融合的背景下，传统单一企业的财务绩效评价难以适应复杂多变的市场环境

在跨行业融合的复杂市场环境中，传统仅针对单一企业的财务绩效评价暴露出诸多局限性。传统财务绩效评价主要关注企业自身的财务指标，如净利润、资产负债率、营业收入增长率等，这些指标仅反映企业内部的经营成果与财务状况，无法体现企业与供应链上下游企业以及其他跨行业合作伙伴之间的关联与协同效应。在跨行业融合的供应链生态系统中，企业的价值创造不再孤立，而是与整个供应链的运作效率、合作伙伴的支持紧密相关。例如，一家企业虽自身财务指标表现良好，但如果其上游供应商出现供应中断或质量问题，将影响该企业的生产与销售，进而对长期财务绩效产生负面影响，而传统财务绩效评价无法及时反映这种潜在风险。此外，传统财务绩效评价侧重于历史数据，缺乏对企业未来发展潜力和市场动态变化的前瞻性考量。在跨行业融合带来新的商业模式、技术创新和市场竞争格局快速演变的情况下，仅依据过去的财务数据难以准确评估企业在未来市场中的竞争力和财务可持续性。

（二）需要从整个供应链生态系统的角度，对企业的财务绩效进行综合评价

鉴于传统单一企业财务绩效评价的不足，从整个供应链生态系统角度进行综合评价显得尤为必要。供应链生态系统涵盖了企业上下游供应商、经销商、客户，以及金融机构、行业协会等众多利益相关者，各主体相互依存、协同发展。从这个角度评价企业财务绩效，能够全面考量企业在供应链中的地位和作用。例如，评估企业对供应商的付款及时性，影响着供应商的资金周转与合作意愿，进而关系到原材料供应的稳定性，对企业生产和财务绩效产生连锁反应。同时，关注企业与经销商的合作效率，包括产品铺货速度、销售回款周期等，反映企业销售渠道的畅通程度和市场拓展能力，直接关联企业的营业收入和利润。再者，综合评价能够更好地体现供应链生态系统的协同价值创造。通过分析供应链整体的

成本控制、创新能力以及对市场变化的响应速度等因素，评估企业在促进供应链协同发展过程中对财务绩效的贡献。例如，供应链各企业通过协同创新推出新产品，开拓新市场，实现销售额增长，这种协同创新带来的财务绩效提升无法通过单一企业财务指标体现，只有从供应链生态系统角度才能全面评估。

三、构建生态化财务绩效评价体系

（一）评价主体的多元化

生态化财务绩效评价体系的构建需实现评价主体的多元化。企业自身作为评价主体，对内部财务数据、运营流程以及战略规划有最直接的了解。企业通过对自身财务报表的深入分析，能够掌握盈利状况、成本结构以及资金流动情况，为生态化财务绩效评价提供基础数据。同时，企业基于自身发展战略，明确在供应链生态系统中的定位与发展目标，有助于从自身视角评估在生态系统中的财务绩效表现。

上下游企业是重要的评价主体。上游供应商对企业的采购政策、付款信誉以及合作稳定性有深刻体会。供应商通过评估企业的采购订单规模与频率、付款周期的合理性以及对产品质量和交货期的要求，能够判断企业对其业务的影响程度，进而从供应商角度为企业在供应链生态系统中的财务绩效评价提供参考。下游经销商则从产品销售、市场反馈以及与企业的销售合作模式等方面进行评价。经销商关注企业产品的市场竞争力、销售支持政策以及销售回款的便捷性，这些评价内容反映了企业产品在市场中的接受程度和销售渠道的健康状况，对企业财务绩效评价具有重要意义。

金融机构在生态化财务绩效评价中扮演关键角色。金融机构通过对企业的信用评估、融资业务往来以及对供应链资金流的监测，掌握企业的资金实力、偿债能力以及在供应链金融中的参与情况。例如，金融机构依据企业的贷款还款记录、融资额度使用效率以及与供应链上下游企业的资金往来信用状况，评估企业的财务风险和资金运作能力，为企业的财务绩效评价提供专业的金融视角。

行业协会作为行业规范的制定者和行业信息的整合者，在生态化财务绩效评价中发挥着独特作用。行业协会通过收集行业内企业的共性数据、分析行业发展趋势以及制定行业财务绩效评价标准，为企业在行业内的财务绩效定位提供依据。行业协会还能从宏观层面评估企业对行业发展的贡献，包括企业在推动行业技术创新、提升行业供应链协同效率等方面的表现，丰富了生态化财务绩效评价的维度。

（二）评价指标的生态化

为实现生态化财务绩效评价，需引入一系列反映供应链生态系统特性的指标。供应链生态系统的稳定性指标至关重要。其中，供应商稳定性可通过供应商合作年限、供应中断次数等子指标衡量。较长的供应商合作年限意味着稳定的合作关系，有利于企业保障原材料供应的稳定性，降低生产中断风险，对企业财务绩效的稳定增长具有积极影响。供应中断次数则直接反映供应商环节的风险程度，供应中断次数越多，企业因生产停滞、紧急采购等额外成本增加，对财务绩效产生负面影响。

协同性指标用于评估供应链各企业之间的协作效率。信息共享程度是衡量协同性的关键指标之一，可通过供应链信息系统的连通性、数据传输及时性以及信息共享的全面性来评估。高效的信息共享能够使企业及时了解上下游企业的生产计划、库存状况以及市场需求变化，优化自身生产与销售决策，降低库存成本，提高供应链整体运作效率，促进企业财务绩效提升。协同创新投入占比也是重要的协同性指标，反映供应链企业在共同开展技术研发、产品创新等方面的投入力度。较高的协同创新投入占比有助于推出更具竞争力的产品或服务，开拓新市场，增加销售收入，提升企业在供应链生态系统中的财务绩效。

创新能力指标体现供应链生态系统的活力与发展潜力。新产品开发周期反映企业推出新产品的速度，较短的新产品开发周期意味着企业能够更快响应市场需求变化，抢占市场先机，提升产品附加值，增加销售收入。专利申请数量则从技术创新成果角度，展示企业在供应链生态系统中的创新实力。较多的专利申请数量有助于企业形成技术壁垒，提高产品差异化竞争优势，为企业带来更高的利润空间，对财务绩效产生积极推动作用。

此外，还需评估企业在供应链生态系统中的地位和作用。企业在供应链中的影响力可通过其在行业内的市场份额、品牌知名度以及对上下游企业的议价能力来体现。较高的市场份额和品牌知名度使企业在供应链中具有更强的话语权，能够更有效地整合供应链资源，降低采购成本，提高销售价格，提升财务绩效。企业对供应链创新的引领作用也是重要评价内容，可通过企业在供应链协同创新项目中的主导地位、提出创新理念和解决方案的数量等方面进行评估。在供应链创新中发挥引领作用的企业，能够带动整个供应链生态系统的发展，提升自身在生态系统中的价值，实现财务绩效的持续增长。

（三）评价方法的综合化

生态化财务绩效评价需采用综合化的评价方法，将定量分析与定性分析相结合。定量分析主要基于财务数据和可量化的业务数据进行。例如，利用财务报表中的净利润、资产周转率、流动比率等传统财务指标，以及供应链生态系统相关的量化指标，如供应商准时交货率、库存周转率、协同创新收益增长率等，通过构建数学模型和统计分析方法，对企业财务绩效进行量化评估。这些定量指标能够直观反映企业在财务状况、运营效率以及供应链协同效果等方面的表现，为评价提供客观数据支持。

定性分析侧重于对企业非量化的软指标进行评价。例如，通过对企业与上下游企业合作关系的稳定性、企业文化对供应链协同的促进作用、企业在行业内的声誉以及社会责任履行情况等方面进行定性评估。定性分析可采用专家打分法、问卷调查法以及案例分析法等。专家打分法邀请行业专家、供应链管理学者以及企业高管等对企业在这些定性指标方面的表现进行打分评价，综合专家意见得出定性评价结果。问卷调查法则面向供应链上下游企业、客户以及行业协会等发放问卷，收集各方对企业在定性指标方面的反馈意见，进行汇总分析。案例分析法通过分析企业在供应链生态系统中的成功合作案例或应对风险挑战的案例，深入剖析企业的优势与不足，为定性评价提供依据。

为实现对财务绩效的精准评价，需充分运用大数据、人工智能等技术手段。大数据技术能够收集和处理海量的供应链数据，包括企业内部财务数据、供应链交易数据、市场动态数据以及行业数据等。通过对这些数据的挖掘和分析，能够发现数据之间的潜在关联和规律，为评价指标的选取和权重确定提供更科学的依据。例如，利用大数据分析技术分析供应链上各企业的交易数据，精准评估企业与上下游企业的协同效率，为协同性指标的量化提供数据支持。人工智能技术则可应用于财务风险预测、绩效趋势分析等方面。例如，借助机器学习算法构建财务风险预测模型，通过对企业历史财务数据、市场数据以及供应链相关数据的学习，预测企业未来可能面临的财务风险，为企业提前制定风险应对策略提供参考。同时，利用人工智能的自然语言处理技术，对企业的新闻报道、行业评论等非结构化数据进行分析，获取企业在市场中的声誉和形象信息，丰富定性评价的内容。

四、生态化财务绩效评价对企业战略决策的支持

（一）为企业在跨行业融合中的战略选择提供依据

生态化财务绩效评价为企业在跨行业融合的复杂环境中作出战略选择提供有力依据。通过对供应链生态系统中各主体的财务绩效评价以及自身在生态系统中的地位和作用评估，企业能够清晰了解不同跨行业合作模式对财务绩效的影响。例如，企业在考虑与某一新兴行业企业进行跨行业合作时，可借助生态化财务绩效评价体系，分析该新兴行业企业的财务状况、市场潜力以及与自身供应链的协同效应。通过评估合作后可能带来的成本节约、收入增长以及风险变化等财务绩效指标的变动，判断合作的可行性和战略价值。如果合作能够提升企业在供应链生态系统中的整体财务绩效，如通过共享资源降低成本、开拓新市场增加收入，且风险可控，企业则可制定积极的合作战略，加大资源投入，推动跨行业融合发展。反之，如果评估结果显示合作可能带来较高的财务风险，且对财务绩效提升作用不明显，企业则可调整战略，选择更具潜力的跨行业合作方向或合作模式。

（二）促进企业与供应链生态系统中的其他主体协同发展，实现互利共赢

生态化财务绩效评价有助于促进企业与供应链生态系统中的其他主体协同

发展，达成互利共赢局面。在生态化财务绩效评价体系下，企业关注自身财务绩效的同时，也重视供应链上下游企业以及其他合作伙伴的财务绩效表现。因为供应链生态系统的整体绩效提升依赖于各主体的协同发展。例如，企业通过生态化财务绩效评价发现上游供应商存在资金周转困难，影响原材料供应稳定性，进而对自身财务绩效产生潜在威胁。此时，企业可与金融机构合作，为供应商提供供应链金融解决方案，帮助供应商缓解资金压力，稳定原材料供应。供应商资金状况改善后，能够提高产品质量、按时交货，保障企业生产顺利进行，提升企业产品质量和市场竞争力，实现企业与供应商的互利共赢。同样，企业在评估下游经销商的财务绩效时，若发现经销商因销售资金回笼慢影响销售积极性，企业可优化销售政策，如提供更灵活的付款方式、增加销售支持力度等，帮助经销商加速资金回笼，提高销售业绩。经销商销售业绩提升后，企业产品销量增加，销售收入增长，实现企业与经销商的协同发展和互利共赢。通过生态化财务绩效评价，企业能够从供应链生态系统整体利益出发，制定协同发展战略，促进各主体之间的资源共享、信息互通和优势互补，实现整个供应链生态系统的财务绩效提升和可持续发展。

（三）助力企业优化供应链生态布局

生态化财务绩效评价能助力企业全面审视自身在供应链生态系统中的位置，进而优化供应链生态布局。企业通过分析生态化财务绩效评价指标，如供应商稳定性、协同创新投入占比等，了解自身供应链的优势与短板。若发现某些关键原材料供应商合作年限较短、供应中断次数较多，企业可在战略决策上加大对优质供应商的开发与合作力度，甚至通过投资、参股等方式加强与供应商的深度绑定，保障原材料供应的稳定性，降低供应风险，提高自身生产的连续性和效率，从而提升整体财务绩效。在考虑拓展市场时，企业可以依据生态化财务绩效评价中对下游客户市场反馈及潜在需求的分析，有针对性地布局新的销售渠道和市场区域。通过与当地有实力的经销商建立长期合作关系，借助其市场资源和销售网络，快速打开新市场，扩大产品销售范围，增加销售收入，实现供应链生态布局的优化和财务绩效的提升。

（四）推动企业绿色可持续发展战略实施

在生态化财务绩效评价体系下，环境与社会责任指标成为重要的评价内容，这推动企业积极实施绿色可持续发展战略。企业通过对能源消耗强度、污染物排放达标率等环境指标的监测和分析，认识到自身在环境保护方面的现状和改进空间。例如，若企业的能源消耗强度较高，企业可在战略决策上加大对环保技术研发和设备更新的投入，采用更节能、环保的生产工艺和设备，降低能源消耗，减少污染物排放。这不仅有助于企业满足环保法规要求，避免因环境问题产生的罚款和声誉损失，还能通过提高资源利用效率，降低生产成本。在社会责任履行方面，企业根据员工满意度、公益捐赠金额等指标，审视自身在员工福利、社会公益方面的表现。若员工满意度较低，企业可制定战略措施，如改善工作环境、提高薪酬待遇、提供更多职业发展机会等，提升员工满意度和忠诚度，进而提高生产效率。积极参与公益活动、增加公益捐赠金额，有助于提升企业的社会形象和声誉，增强消费者对企业的认可度和信任度，促进产品销售，为企业带来长期的财务效益，推动企业绿色可持续发展战略的有效实施。

（五）促进企业在创新领域的战略投入与发展

生态化财务绩效评价能够促使企业重视创新能力在供应链生态系统中的作用，进而促进企业在创新领域的战略投入与发展。通过对新产品开发周期、专利申请数量等创新能力指标的评估，企业可以明确自身在创新方面的优势和不足。如果企业发现自身新产品开发周期较长，在市场竞争中可能处于劣势，便会在战略决策上加大研发投入，组建更具实力的研发团队，加强与高校、科研机构的合作，引进先进技术和创新理念。例如，企业可以与高校联合开展研发项目，利用高校的科研资源缩短新产品开发周期，提高产品的技术含量和创新性，增强产品在市场中的竞争力。同时，企业还可以根据生态化财务绩效评价中对创新成果转化为经济效益的评估，调整创新战略方向。如果发现某些创新项目虽然在技术上取得了突破，但未能有效转化为销售收入，企业可以优化创新项目的管理和推广策略，加强市场调研，确保创新成果更符合市场需求，提高创新投入的回报率，实现企业在创新领域的可持续发展，提升企业在供应链生态系统中的核心竞争力和财务绩效。

参考文献

[1] 陈梅. 供应链金融资本配置研究 [M]. 北京：企业管理出版社，2023.

[2] 代四广，曹玉姣，申红艳，等. 供应链大数据：理论、方法与应用 [M]. 北京：机械工业出版社，2023.

[3] 黄国平，唐平娟，张黎平. 基于区块链技术的供应链金融研究 [M]. 长春 ：吉林大学出版社，2022.

[4] 黄子珩. 农业供应链金融的发展趋势与风险治理研究 [M]. 北京：中国商业出版社, 2021.

[5] 林永民，周思彤，崔小杰. 区块链驱动的供应链金融信用演化机理与中小企业融资效率提升研究 [M]. 北京：经济日报出版社，2024.

[6] 刘鹏飞. 产业金融创新与变革 [M]. 北京：中国计划出版社，2024.

[7] 刘宇，李少蓉. 供应链管理 [M]. 杭州：浙江大学出版社，2024.

[8] 沈亦文. 产业互联网与供应链金融 [M]. 北京：机械工业出版社，2023.

[9] 王佳元，洪群联，等. 现代供应链国家战略研究 [M]. 北京：中国计划出版社，2021.

[10] 王玥. 供应链金融信用体系评价方法及应用 [M]. 北京：冶金工业出版社，2020.

[11] 吴科. 供应链金融 [M]. 南京：东南大学出版社，2020.

[12] 吴群. 物流与供应链前沿案例 [M]. 上海：复旦大学出版社，2022.

[13] 谢京辞，包春兵，付学梅，等. 供应链系统规划与设计 [M]. 济南：山东大学出版社，2023.

[14] 袁峰. 互联网供应链金融研究 [M]. 北京：中国原子能出版社，2021.